法律・お金・経営のプロが教える

女性のための「起業の教科書」

「ブライトウーマン・コンサルタント」理事
豊増さくら 編著

日本実業出版社

✦プロローグ✦

「好きなこと」「得意なこと」をビジネスに！

「好きなこと」「得意なこと」をビジネスにしたいと思ったことはありませんか？

ビジネスの定義はひとつではありませんが、ここでは、

「お金をもらうこと」

「利益が出ること」

「継続して行なうこと」


をビジネスとします。


好きなことをしてお金が稼げるなんて、素敵ですよね。

でも、どうしたらそれを実現できるのでしょうか…。


起業を思い立っても、何から始めればいいのかわからない人がほとんどです。

初めてのことばかりで、戸惑ったり、迷ったり、不安でいっぱいになったり、（失敗するかも…）と、恐怖心から立ちすくんでしまうこともあるかもしれません。

これから起業について学び、行動を起こしていくM美さんとR子さんも同じです。

やりたいことはあっても、それをビジネスにする自信なんてありません。

だけど、チャレンジしたい！

本書は、そんな夢見る女性たちにエールを送ろうと、各分野の女性専門家や起業家が集まり、もてる知識と経験で培ったノウハウをまとめた「起業の教科書」です。

たとえ小さな規模で始めるとしても、ビジネスに必要な手続きや義務、経営者として判断を迫られる場面はいろいろあります。法的な決まりがない場合など、「これでいいの？」と迷うこともあるでしょう。そんなとき、スピーディーかつ最適な意思決定をするために、本書を役立てていただければと思います。

随所で紹介する女性起業家たちの事例も、ぜひ参考にしてみてください。成功したこと、失敗したこと、工夫したこと、悩んだこと…実体験にもとづくアドバイスは、壁を乗り越えるヒントになったり、新たな気づきを与えてくれるはずです。

初めての起業から開業1年目を迎えるまで、M美さんとR子さんの道のりをシェアしながら、一緒に学んでいきましょう。

「ブライトウーマン・コンサルタント」理事
豊増さくら

R子さん（38歳）

・やりたいこと・

お料理関係の仕事

・好きなこと 得意なこと・

お料理

・家族構成・

2児の母
夫は自営業

・経歴・

・親族の営む和菓子店で、10年ほど製造と販売の手伝いをしていた

・直前の経歴・

・親族が高齢のため店をたたむので、これを機に自分で商売を始めたいと思うようになった
・出産後「からだにいい食事」に関心が高まり、習いに行ったりしている

・働く場所・

自宅以外での開業

・どれくらい 働きたいか・

もともと扶養範囲内ではないので、できるならたくさん稼ぎたい

M美さん（43歳）

・やりたいこと・

英語塾
（自宅で開業）

・家族構成・

3児の母
夫はサラリーマン

・好きなこと得意なこと・

英語

・経歴・

- 子どもを産む前に働いていた企業で英語を使った仕事をしていた
- 英検1級
- 夫の海外赴任に帯同の経験あり

・直前の経歴・

- 英語塾での講師（パート）
- 英語塾では主に試験対策を教えているが、「英会話」に関心が高い
- 自宅でときどき知人の子どもに英会話レッスンを実施（頼まれたら、たまにやる程度）

・働く場所・

自宅での開業

・どれくらい働きたいか・

（まずは）
扶養範囲内

さくら先生（豊増さくら）

中小企業診断士

プライベート

男子（2人）の母。2008年子どもが保育園児のときに中小企業診断士の資格を取得し独立開業。子どもが生まれる前は販売促進関連の仕事に従事。販売促進以外の分野からも経営のことを知りたいと中小企業診断士資格を取得。

「ブライトウーマン・コンサルタント」

東海地方を拠点とする、弁護士、税理士、司法書士、行政書士、中小企業診断士、弁理士、社会保険労務士などで構成された専門家集団。女性の起業家・経営者のために知識と経験にもとづく実践的な経営支援を行なっている。

ホームページ　https://brightwoman.jp/

私たちが応援します！
（ブライトウーマン・コンサルタント所属メンバー）

○本書は、以下のメンバーとの共同執筆です

さだみ先生
（松岡貞美・税理士）

中高生女子２人のママ。大学卒業後、商社に就職。退職後、身近な中小企業の経営に役立つことをしたいと思い、税理士試験の勉強を開始。税理士事務所に勤務後、独立開業。税務だけでなく、創業支援などにも力を入れている。

ゆかり先生
（勝 友香梨・行政書士）

２児の母。法律事務所に勤務していたとき、ボスのすすめで行政書士試験に挑戦し合格。独立開業して、幅広い行政書士業務を一通り経験する。開業７年目の年、出産を機に商圏を愛知県内に絞り、仕事と家事・育児の両立中。

ゆり先生
（川瀬ゆり・司法書士）

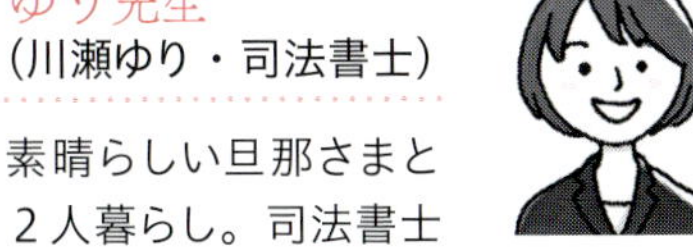

素晴らしい旦那さまと２人暮らし。司法書士の資格取得後、法律事務所、司法書士事務所に勤務し、実務経験を積む。現在は、個人で司法書士業務を行なう。３度のごはんよりもお菓子が大好きで、お菓子づくりも得意。

ようこ先生
（野田葉子・弁護士）

息子と２人暮らし。お酒と旅行が大好き。2002年弁護士登録し、名古屋第一法律事務所に入所。法律のプロとして、裁判はもちろん、相手方との交渉、契約書等の文書作成、債務整理、危機管理対策など幅広い分野で活躍。

みさお先生
（松下 操・社会保険労務士）

２人の子どもが小学生時代に入所した社労士事務所でのパート勤務をきっかけに一念発起。通信教育で社労士資格を取得し、開業14年を迎えた。自身もさまざまな経験を積みつつ、日々、中小企業の労務支援を行なっている。

みほ先生
（廣田美穂・弁理士）

特許事務所の副所長。英語を活かせる仕事として、知的財産の専門家を目指す。中小企業の知財支援に力を入れ、「地元企業様の知財の伴走者」がモットー。趣味は、山岳会で知り合った夫と岩をよじ登り、山を駆けること。

Contents

法律・お金・経営のプロが教える！ 女性のための「起業の教科書」

STEP 1 夢や思いをかたちにする方法～事業プランの立て方

STEP 2 避けては通れない「お金」のこと〜資金プランの立て方

STEP 3 夢の実現に向けて動き出す〜開業準備の進め方

STEP 4 利益があるから事業が続く～毎日の運営のしかた

M美さんとR子さんの起業ストーリー

＊準備段階から開業1年目までを追いかけます

教えて！先生　プチQ&A

＊さまざまな疑問に専門家が答えます

＊本書の内容は、2021年4月1日現在の情報にもとづいています。

Work

＊あなたの事業をかたちにするためのワークシートです

カバー&本文デザイン・DTP：丸山尚子（m design room）
カバー&本文イラスト：赤川ちかこ
編集協力：阿部みち子

起業のための一般的な流れ

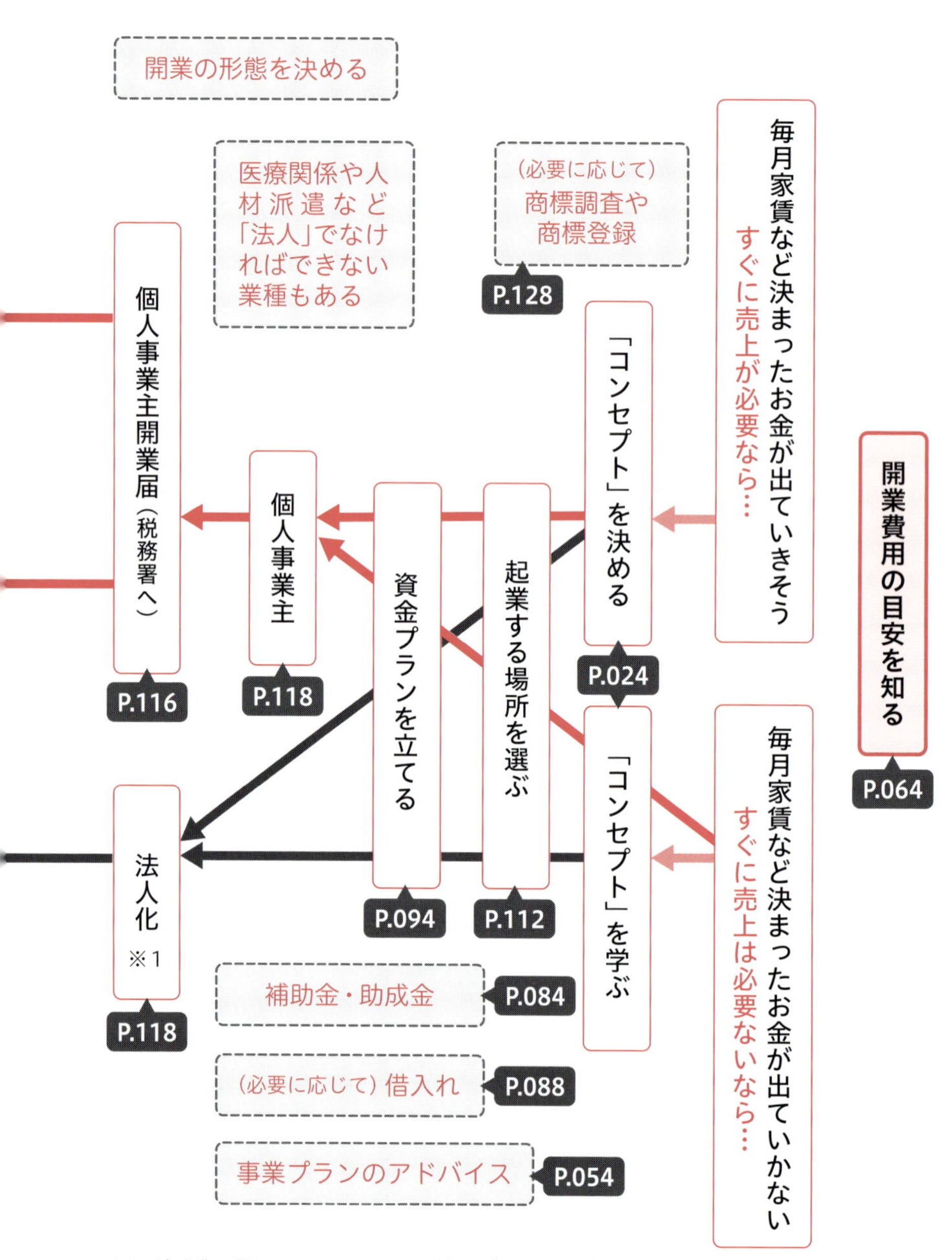

※1 法人化に関しては、ほかにも手続きがありますが、ここでは簡略化しています

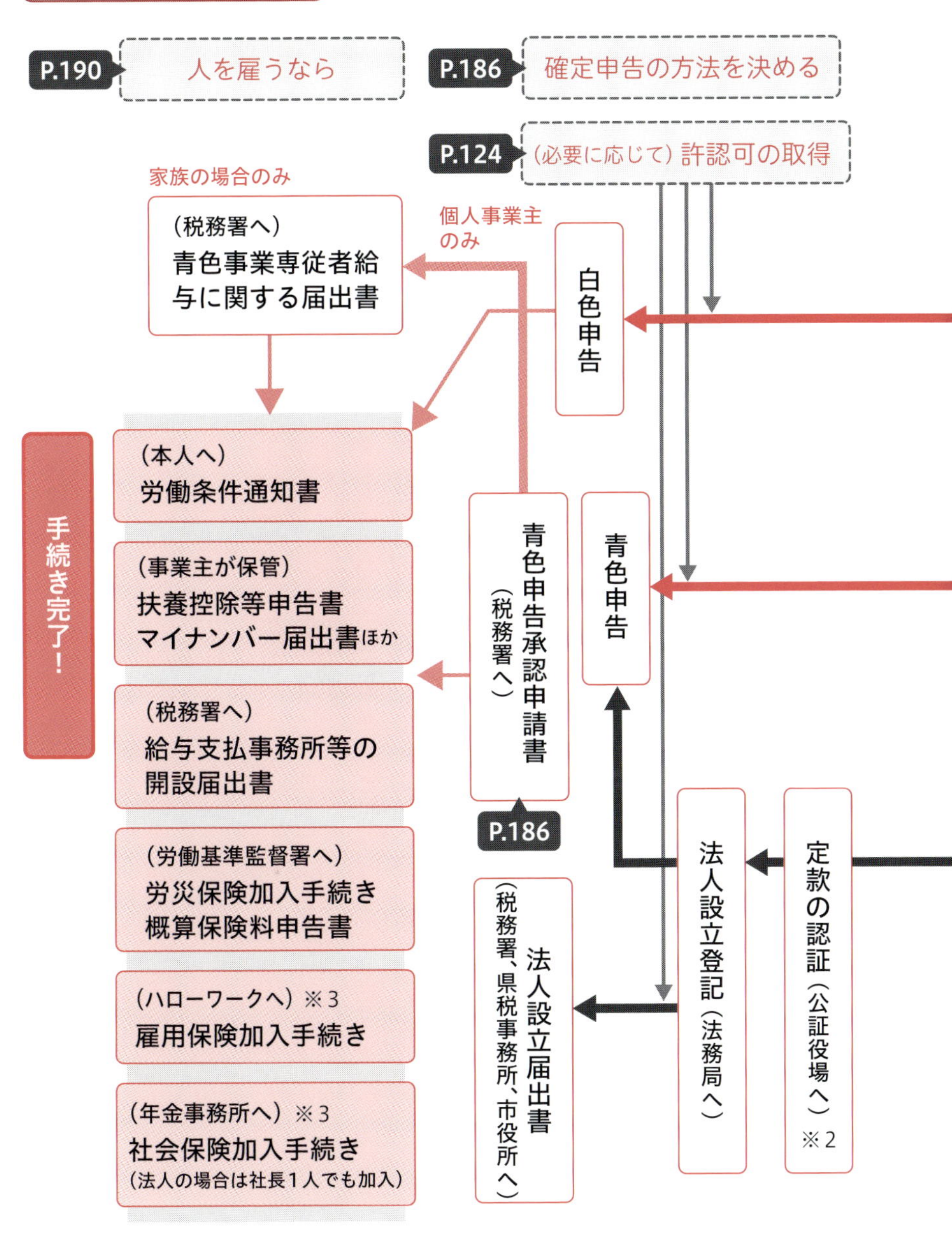

※２　定款の認証が必要なのは、法人の中でも、株式会社、一般社団法人、一般財団法人、その他法人の場合です。合同会社のような持分会社にするときは不要です

※３　一定の労働契約条件（勤務時間・勤務日数）で働いている場合

起業のための一般的な流れ

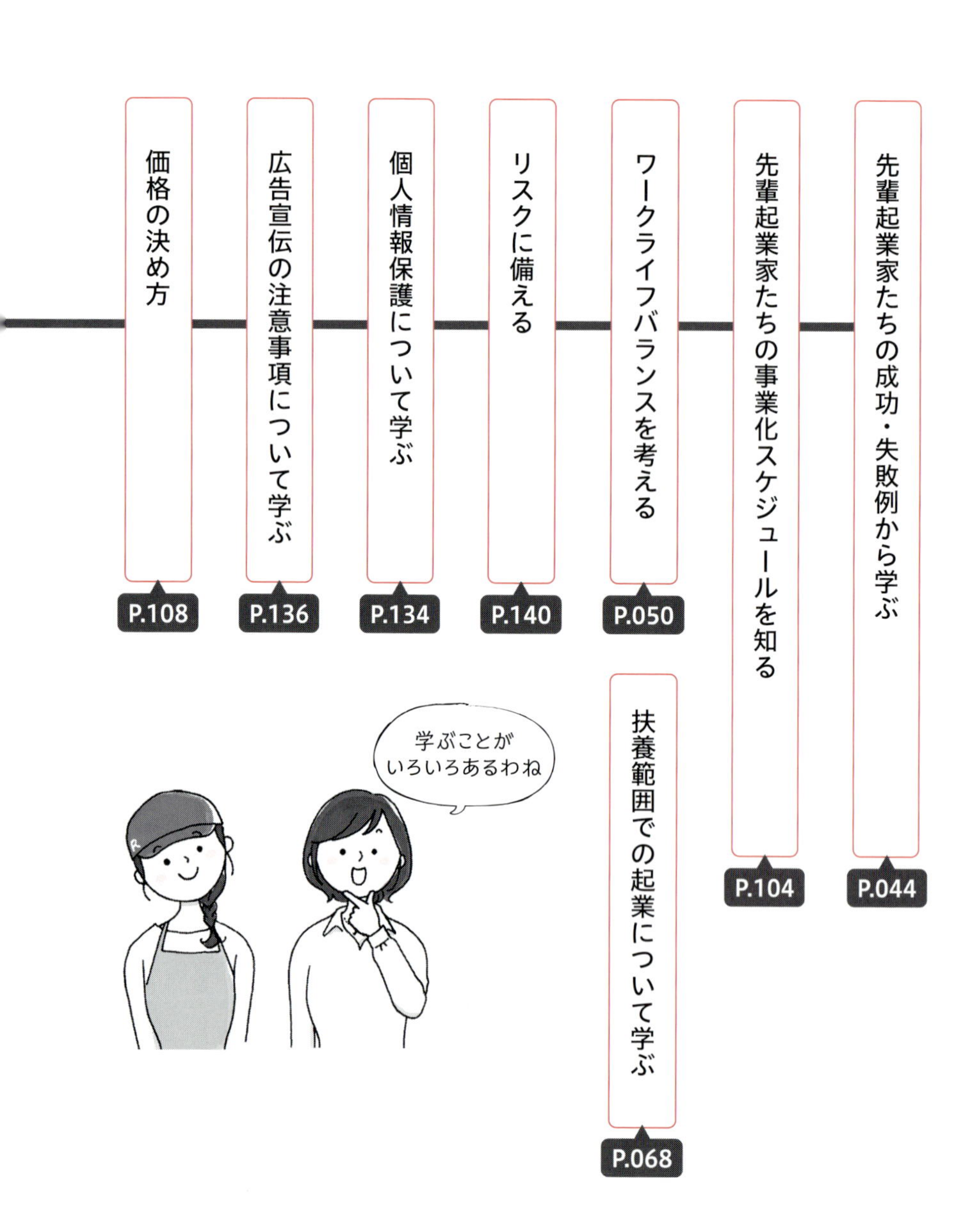

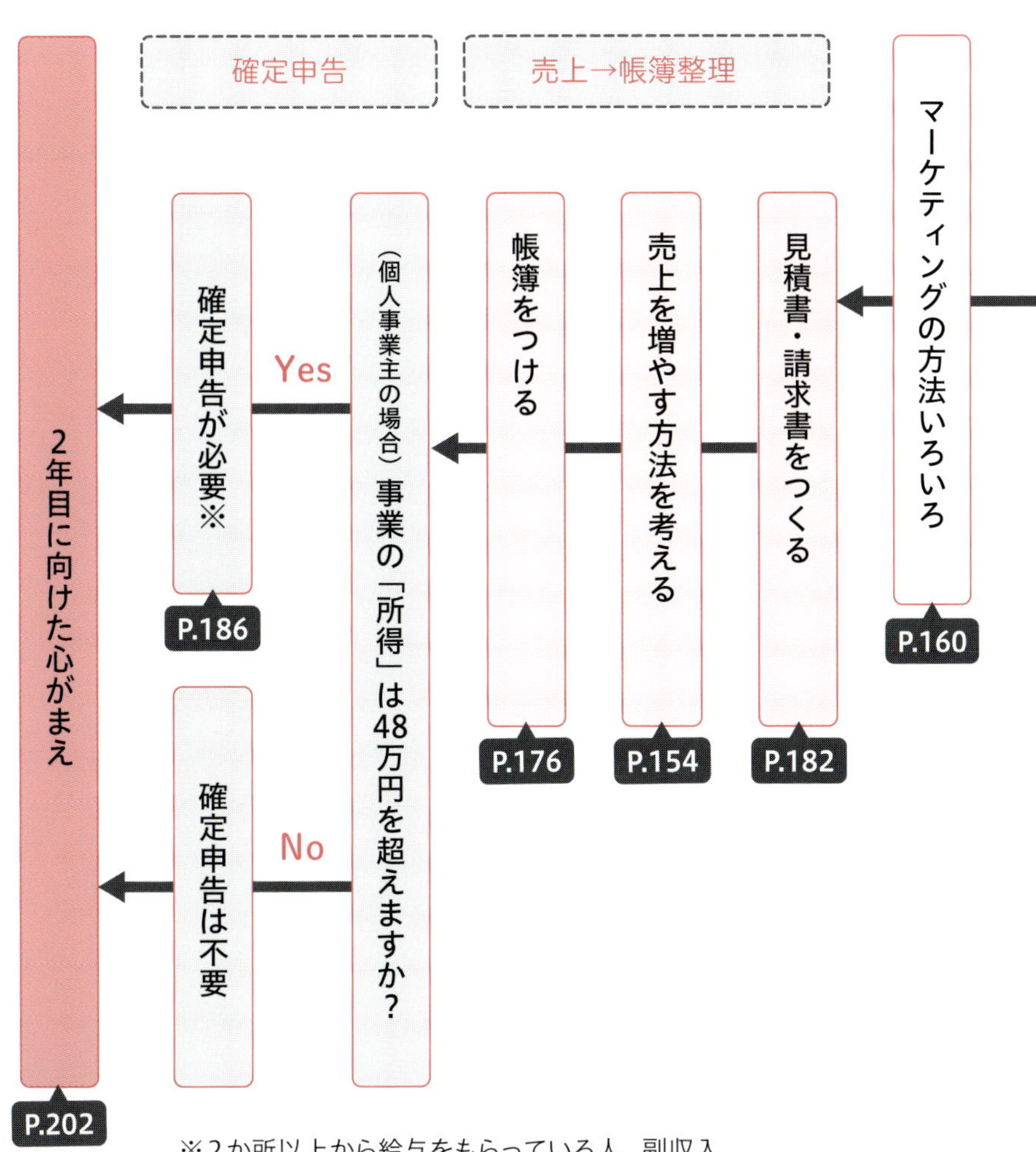

※2か所以上から給与をもらっている人、副収入20万円を超える人も、確定申告が必要です。

STEP 1

夢や思いをかたちにする方法

事業プランの立て方

「資格を取ったから、これでお小遣い稼ぎができそう！」

「やりたいことが見つかったから、会社を辞めて独立しようかな」

「あの人のビジネスって、私にもできるんじゃない？」

「私が趣味でつくっている△△は絶対売れそうな気がする！」

「時間ができたし、お店を開くのが昔からの夢だったの」


いま、「好きなこと」や「得意なこと」で起業する女性が増えています。

ところが、淡い期待を抱いてスタートしても、残念ながら、ビジネスとしてはうまくいかず、早々に撤退する人が多いのも事実です。

それは、なぜなのでしょうか。

店をオープンできれば、ネットに商品さえ載せたら、いいスタッフが見つかったら、資格さえあったら…それだけでうまくいくなら、つぶれるお店や会社は少ないはずなのに、そうではありませんよね。いつの間にか閉店していたお店や、なくなっていた会社、あなたのまわりにもあるはずです。

「思っていたとおりにいかない」「こんなはずじゃなかった」…と嘆く人たちの多くが口にするのが、「深く考えていなかった」「準備不足だった」という言葉。

では、何をもっと考えるべきだったのでしょうか。そして、どんな準備をすれば、事業を続けることができたのでしょうか。

「ビジネスはスピードが重要」などとよくいわれますが、こと起業に関しては、スピードだけで何とかなるものではありません。実は、冒頭に掲げたのは、事業がうまくいかなかった人の「起業動機あるある」。共通する原因は、ある視点が欠けていたことなんです。

STEP1では、事業プランに欠かせない、その視点を中心に考えていきます。

POINT

事業プランの柱となる
コンセプトを決めましょう！
これを曖昧にしたまま、
やみくもにスタートしても、
お小遣い稼ぎすら
むずかしいものです。

❶ 心がまえ

あなたの夢や思いは「誰か」のためになりますか？

「好き」と「ビジネス」の分岐点…それは○○○視点！

「好きなこと」を「ビジネス」にするために必要なものって何だと思いますか。

趣味だからとバラついていたクオリティを統一する努力や技量でしょうか。

それとも、多くの人に知ってもらうための宣伝活動やそのための費用？

ほかにも、いろいろなものがありますが、本当に必要なのは**「マインドチェンジ（思考の転換）」**です。言い換えれば、**「お客様の立場」で考える**ということです。

ところが、趣味や特技を仕事にしたい人は「自分の立場」で考えがち。自信をもちすぎているからなのか、できないときの言い訳も「時間がないから」「お金がないから」といった、自分の都合を正当化しようとする言葉ばかりです。

ここで、ちょっと思い起こしてみましょう。たとえば、お金を出してものを買ったり、サービスを利用するとき、あなたは「この店員さん、売上ノルマがあるのかな」「在庫があってたいへんそう…」などと「売り手の都合」を考えたことがあるでしょうか。

また、友人へのギフトを探していて、パッケージのかわいい商品と、どう見てもダサい商品があったら、どちらを買うでしょうか。「ダサい商品」と答えた人に筆者は会ったことがないのですが、「ギフトとしてこの商品を販売したい。でも、パッケージはこの（段ボールみたいなダサい）箱を使いたい。だって安いから」というようなことを言う人は、これまでに何人もいました。でも、そんな「売り手の都合」になんて合わせられないですよね。

人は、ともすれば、自分の立場や都合でものごとを判断しがちですが、趣味と違ってビジネスは相手あってのこと。お客様に選んでもらって、初めて成立します。

「自分の選択は、はたして誰かのためになるものなのか」、起業を考えるときはまず、このことを自問してみましょう。

Point

たしかに、コストは安いに越したことはないのですが、「お客様が重要視するポイント」には、しっかりお金をかける（＝買い手の都合に合わせる）姿勢は必要です。もちろん、なんでもかんでもお金をかけるべし、ということではなく、大切なのは「お金の使い方」であって、コストを絞るべきところは絞ればよいのです。

❷自分の棚卸し

「やりたいこと」は明確になっていますか？

自分と向き合うことで、ビジネスの糸口が見えてくる

あなたの中で「やりたいこと」は明確になっていますか？

明確になっている人もそうでない人も、ここで「自分の棚卸し」をしてみましょう。

次ページに、①自分が「やりたいこと」と、②自分に「できること」についての問いかけを用意しました。これをもとに、ゆっくり考えてみてください。

ひとつの問いかけに複数の回答があってもよいですし、答えられるものだけでかまいません。「人からこう思われるんじゃないか」「自分では口にしたことはないけど…」など、あれこれ思いを巡らせず、ただただ、自分の心と素直に向き合ってみることが大切です。

近しい友人や家族に「自分の特徴」を尋ねてみてもよいでしょう。

自分の棚卸しをすることで、自分が本当に望むものを見つけたり、自分のよさや強みなどにあらためて気づくことがあります。自分の現状をちゃんと把握することで、次にそれを糸口として「ビジネス」に落とし込んでいくことができるのです。

Work 自分と向き合うための32の問い

①「やりたいこと」

- □ ずばり、やりたい事業は何ですか？
- □ 好きなモノ・好きなことは何ですか？
- □ 時間ができたとき何をして時間をつぶしますか？
- □ いつかやってみたいと思っていることは？
- □ 子どものころの憧れの職業は何ですか？
- □ 大人になってからの憧れの職業は？
- □ 思わず嫉妬してしまう対象や憧れる人はいますか？
- □ やってみたい習い事はありますか？
- □「こんなヒト」と言われたいイメージは？
- □ 最近はまっていることはありますか？
- □ 子どものころに好きだったことは何ですか？
- □ 最近すごいなあと思ったことはありますか？
- □ 最近うれしかったことは何ですか？
- □ 最近楽しかったことは何ですか？
- □ ネットでついつい見てしまうものはありますか？
- □ 時が戻るならチャレンジしたいことはありますか？

②「できること」

自分自身について

- □ ビジネスに活かせる資格をもっていますか？
- □ 長く続けていることはありますか？
- □ 得意なことは何ですか？
- □ 自信のある技術やセンスはありますか？
- □ 子どものころに注目を浴びた経験はありますか？
- □ 大人になってから褒められたことはありますか？
- □ 時間を忘れられるほど夢中になれるものは何ですか？
- □ 得意だった教科はありますか？
- □ 実はヒトに自慢したいことがありますか？
- □ ほかの人とちょっと違う経験はありますか？

自分自身を取りまく環境

- □ “○○ができる” 使える知り合いはいますか？
- □ 機会があれば、知り合いたい人とその人のできることは何ですか？
- □ 事業に活用できる不動産（空き部屋、家屋など）はありますか？
- □ 事業に使えるかもしれないものは？（すでに持っているもの）
- □ やりたいことに使える資金はありますか？
- □ チャレンジのために使える金額はいくらまで？

❸ 事業領域（ドメイン）

あなたのアイデアはビジネスになりますか？

ビジネスにするために必要な3つのこと

「お客様の立場で考える」ことの大切さがわかり、あなたの**「できること」**や**「やりたいこと」**もなんとなく見えてきたでしょうか。

ここから、事業プランに落とし込んでいくには、それぞれの要素をもう少し具体的に掘り下げる作業が必要です。

頭の中を整理するため、簡単な図表にしてみましょう。「お客様の立場」については、ここからはマーケティング用語の**「ニーズがあること」**に置き換えます。

どうですか？　一目瞭然ですね。

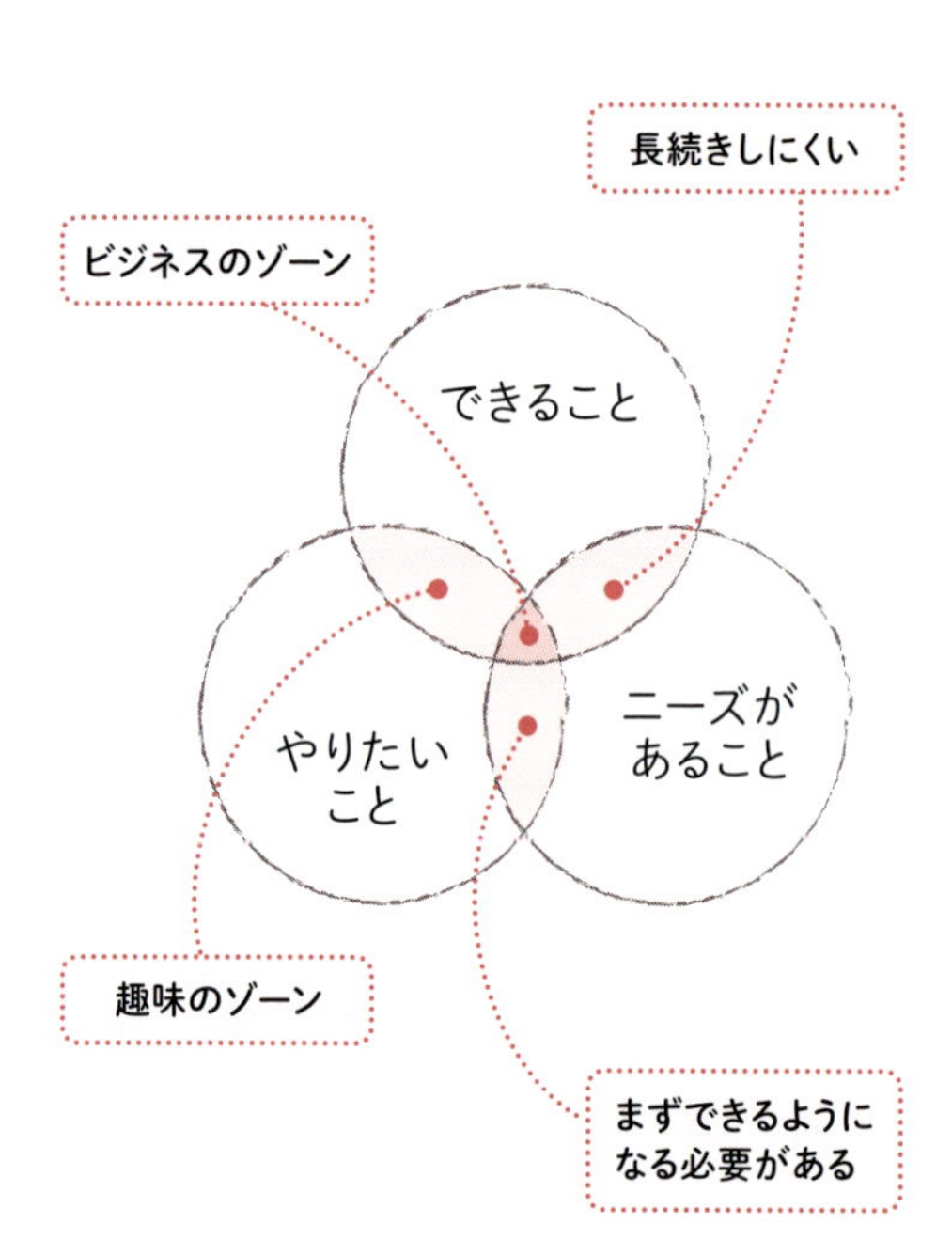

ビジネスが成り立つのは、3つの要素が交わる部分です。

「やりたくてニーズがあるけど自分にはできない」場合は、まず、できるようになる必要があります。しかし、自信がないからといって、いつまでも、資格取得や勉強ばかりしていると、起業のタイミングを逸してしまいかねません。事業を起こす気持ちがあるなら、ある程度、計画的に準備を進めましょう。

では、**「できる自信がありニーズもあるけど熱意がない」**場合はどうでしょうか。

家業を継ぐようなケースなら、最初はやる気がなくても、少しずつ親の背中を見ながら考えが変わっていくことはありますが、事業を継続するには、いろいろな努力が必要です。熱意がなければ、続けること自体がむずかしくなるので、起業する分野（チャンレンジする領域）を見直したほうがよいでしょう。

上記2つのパターンで起業するケースは実はあまりなく、一番多いのが**「できてやりたいけれどニーズがない（わからない）」**場合です。

個人で事業を立ち上げる場合、大企業がやる大がかりな市場調査（リサーチ）などはできませんが、ターゲット層に近い人が身近にいるなら、あなたのプランに関心があるかどうか聞いてみるのも1つの方法です。

また、あなたの「できること」「やりたいこと」は、お金を出してまでほしい人がいるものなのかどうかを問い直してみることも必要です。

❹コンセプト

アイデアを具体的なイメージに変えていきましょう

あなたが喜ばせたい人は「誰」ですか？

あなたのアイデアが「ビジネスにするために必要な3つのこと」を満たしていたら、いよいよ、事業プランの柱となるコンセプトを詰めていく段階に入ります。

ここで明らかにしたいのは、「誰（どんな人）」に「何を」提供し、「どんな要望（気持ち）」を満たしたいかということです。「誰」を考える理由は、ある程度、「お客様を想定」しておいたほうが、あとでお話しする「広告を出す場所」や「広告媒体・手法」がはっきりしたり、「品ぞろえ（サービスメニュー）」に迷わないで済むからです。

たとえば、男性なのか女性なのか、年代や家族構成、趣味や好みは…と考えていくことで、ターゲットとするお客様のイメージが具体的になってきます。

お金があれば、いろんな広告を出してみて、その中から効果のあるものを選んだり、たくさんの商品をお店に置けるかもしれませんが、なけなしのお金を使った広告にまったく反応がなかったり、買いそろえた商品がムダになったら困りますよね？

「お金を使って広告をしたのに人が来ないなんてことがあるの？」

商売をしたことのない人は驚かれるかもしれませんが、断言します。よくあります。そうならないために**「自分のお客様は誰なのか」**をまずしっかり考えましょう。

喜ばせたい人に「何を」提供しますか？

次は、「何を」提供するかを絞り込みます。このとき「お金を出して選んでもらうだけの魅力や価値があるのか」ということを、あらためて考えてみましょう。

あなたの提供するものにニーズがあるのなら、すでにその分野でがんばっている人がいるものです。そうしたライバルが提供するものと比べて、「どんな点が優れているのか」「なぜ、あなたから買いたくなるのか」「あなただから喜んでもらえるのか」…差別化できる理由をあげてみてください。

いくら広告宣伝に力を入れても、内容（商品やメニューなど）が伴っていなければ、期待してやってきたお客様をがっかりさせるだけです。「フツー」と思われてしまえば、繰り返し利用してもらうことはむずかしいでしょう。

「どんな要望（気持ち）」を満たしたいですか？

最後は、お客様のニーズについて、もう少し掘り下げていきましょう。

ニーズは「ウォンツ」と言うこともありますが、日本語にすれば「マーケットの需要」あるいは「お客様からの要望」といったところでしょう。

では、世の中の人は何を要望しているのでしょうか。

「飢えや寒さから身を守りたい」「安全に暮らしたい」「誰かと仲よく暮らしたい」「ほめられたい」…生物としての本能のような要望から現代ならではの要望、個人的な要望まで、さまざまな要望がありそうです。

これらは、言い換えれば「満たしたい気持ち」です。できるだけ多くの人の気持ちに応えることができれば、ビジネスが成立することになるわけです。

一般に、人は、不便や不満、不安を感じているとき、それを解消するためにアクションを起こす（何かを買ったり、利用したり、どこかへ行ったり…）と言われています。

また、生理的に満たしたいもの（食欲・睡眠・健康など）や、自己実現（きれいになりたい！　賢くなりたい！）のためにお金を使う人は少なくありません。

そこで、あなたのお客様のニーズを具体化するには、
①誰かの不便を解消できるのか？

「お客様が喜んでくれるかどうか」で
提供するものを決めるんですね。
よそのお店にはない特徴も出したいな。
「喜ばせたい人」を想定すると、その人に振
り向いてもらうための工夫がしやすいかも…。
独りよがりにならないよう、気をつけなくちゃ！

②誰かの生理的な欲求を満たすのか？
③誰かの自己実現のお手伝いができるのか？

など、自分ではない他者の視点から考えるとわかりやすいでしょう。

事業プランを立てるには

一般に、「事業計画書」「事業プラン」と呼ばれるのは、金融機関などの融資（審査）を受ける際に、事業内容や販売戦略、収益の見込みなどを説明するために作成する文書です。

個人事業主など小さな規模でビジネスをしようと考えている人なら、そこまで厳密なものを作成する必要はありませんが（A４用紙１～２枚程度で十分）、事業プランをまとめることは、自分の事業を客観的に見つめ直すにはよい方法です。

盛り込む内容も、これまで見てきたとおり、「なぜ、この事業をやりたいのか」「どんな商品やサービスを提供するのか」「それはどんな特徴（ノウハウ）があるのか」「想定するお客様はどんな人なのか」といったことから、このあとお話しする「資金はどうやって用意するのか」「目標とする売上高や利益はどのくらいか」など、事業をするなら必ず押さえておきたい基本的なことばかりです。

ホームページで検索すれば、さまざまな形式や書き方が紹介されていますので、参考までにご覧になるとよいでしょう。

失敗事例

「誰が自分のお客様なのか」を考えていなかった

理美容サロンの経営を安定させるためには「物販（ものを買ってもらうこと）」が非常に重要です。とある理美容サロンでも経営の安定に向け、高級化粧品の取扱いを始めました。「高級」化粧品なので単価が高く、売れたらサロンの利益になるとの判断からでした。

しかし、残念ながらその高級化粧品はサロンではあまり売れませんでした。そのとき、サロンオーナーは気づきました。

「誰が自分のお客様なのか」を考えていなかった、と。

もし、そのサロンのお客様が美容にお金を惜しまない層であれば、その高級化粧品もヒットしたかもしれません。しかし、そのサロンのお客様は「子育てをしながら働いている」方がメインで、日常的に使用する化粧品に多額のお金をかけるようなタイプではなかったのです。

そこでオーナーはあらためて「自分のお客様」に合う化粧品を取り扱う方針に切り替えました。リーズナブルで手軽に使え、また、そのサロンに多い年代（40～50代）の方にマッチした化粧品です。するとその化粧品はとてもお客様に喜ばれ、経営の安定化にもつながりました。

「誰が自分のお客様なのか」を考える重要性、おわかりいただけましたか。

この事例を参考に、「お客様は女性！」なんてざっくりしたイメージではなく、より具体的な絞り込みをしてみてくださいね。

他社で売れている＝ニーズがある＝自分も売れる、ではありません。たとえ商品がよくても、それを必要とする人に自分がアプローチできなければ、売るのはむずかしいのです。

「誰に」「何を」提供するのかを考えるタイミング

「誰に」「何を」提供するのかについては、どの段階で決めればよいでしょうか。

大まかに分けると、開業する前からしっかり考える場合と、開業後、お客様の状況などを見て、あらためて考える場合があります。

判断の基準は、ずばり「お金」です。

毎月家賃が発生したり、生活費を稼ぐ必要がある場合は、あまりゆっくりとしていられません。また、一度つくってしまったお店の内装などもあとから変えるのは困難です。

一方、配偶者が働いている女性で、自宅兼事務所でパソコン1台でできるような仕事の場合は続けていくためのお金があまりかからないので、開業したあと、じっくりと自分の得意分野を見つけていくというやり方も可能です。

つまり、お金に余裕がある場合は、ビジネスをしながら「誰に」「何を」提供するのかを考えることもOKですが、そうでない場合や、お店を構える場合などは、「誰に」「何を」提供するのかをあらかじめ考え、メニュー構成やサービス内容を適宜見直すなど状況に応じて柔軟に対応していくことが必要です。

では、事例をもとにポイントを見ていきましょう。

Case 1 開業前に考えたパターン

がん患者等を対象とした個室美容室

アトリエ・リリー（愛知県岡崎市）

アトリエ・リリーは、がん患者さんなどを対象とした個室美容室です。美容師免許をもちながら、長年ウィッグメーカーに勤務していたオーナーの石黒智恵さんが53歳のときに一念発起して開店しました。

がん患者さんは通常、抗がん剤治療などでウィッグを利用しても、治療終了後1年程度で地毛が伸びるため、ウィッグは「卒業」し、ウィッグメーカーのサロンにも通わなくなります。

しかし、石黒さん自身が乳がんを患い、ウィッグを「卒業」しても（再発などの可能性もあり）誰かに話を聞いてほしいという思いがとても強くあるのだということに気づきました。

また、10歳のときに実母をがんで失うという経験もしています。自分も話を聞いてほしいし、もし、自分の母のような人が話を聞いてもらうことで元気になってくれたら…。

開店も多いけれど撤退も多い美容室の分野で（通常なら誰かに店を譲ることも検討し始める）50代で開店に踏み切った理由は、ひとえに「**お客様にずっと寄り添いたい**」との思いからでした。

開店当初こそ客足は思うように伸びませんでしたが、ターゲットがしっかりしていることから、「病院にチラシを貼らせてもらう」「がん患者さんの参加するイベントに自ら足を運び、人柄を知ってもらう。チラシも配らせてもらう」「サロンの特徴がわかりやすい名前のブログをつくり、こまめに情報発信を行なう」といった活動を地道に続けた結果、石黒さんのサロンには連日多くのお客様が訪れるようになりました。

お店のあるエリアには、もちろん多数の美容室があります。でも、いまでは「隣に美容室ができても、お客様は私を選んでくださる」と自信をもっておっしゃっています。

開店する前から「誰に」「何を」提供するのかがはっきりしていたから、お店のレイアウト（個室で他のお客様の目を気にしなくていい）や、取扱商品、広告宣伝などに一貫性がもてたのですね。

Point

お店をつくってから内装などを変更するのはむずかしいので、初めに考えておく必要があります。

Case 2 開業後に考えたパターン①

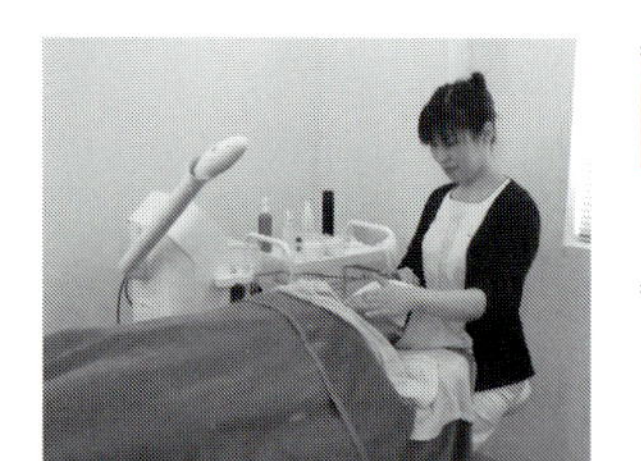

働く女性とその家族のためのエステサロン

ルシル（愛知県一宮市）

西尾諭美さんは42歳のとき、自宅の近くにエステサロン・ルシルを開業しました。6歳と10歳の2人の子どもを抱え、夫の有責で離婚、シングルマザーとなり、食べていくための開業でした。

離婚当初は事務系の契約社員の仕事をしていましたが、給与がそれほど上がる見込みもなく、このままでは子どもに満足な教育を受けさせることもむずかしい…と自営業の道を模索しました。

ダブルワークでエステの仕事をして資格ももっていたため、また、何人か固定のお客様もいたことから、お店をオープンしたらついてきてくれるだろう、と判断して開業に踏み切ったそうです。

ところが、オープン当初の顧客7名では十分な利益も出ず、待っていても新規のお客様が来てくれるでもなく、正直、契約社員の仕事をしていたときのほうがマシな状態。だからと言って辞めてどこかに勤めに行っても高給が望めるはずもなく、西尾さんはいちから事業計画の見直しをしました。

まず行なったのが「**コンセプトを決めること**」でした。コンセプトの重要性を理解せず、考えないまま開店していたのです。

あらためて考えたのが「30歳台から40歳台で働いているなど、これからもがんばる女性のためのサロン」。次に、「その人たちにどのように接したら喜ばれるか?」「何を提供したら喜ばれるか?」「彼女たちはどのように情報収集をしているのか?」を考え、一つひとつ実行していきました。

たとえば、仕事などがあって、どうしてもサロンの通常営業時間内に来られないお客様には時間外対応をするなど、大手のサロンではできない試みです。

そうこうしているうちにお客様と仲よくなり、どんなサービスがほしいか本音で教えてくれたり、ご家族を紹介してくださるようになったそうです。気づけば、顧客数も400名ぐらいまで増加していました。

いまも西尾さんは日々新しいサービスのための技術を習得したり、お客様に喜ばれる店舗販売品を探したりしています。何を導入するかはもちろん、コンセプトにのっとった、「これからもがんばる女性のためのもの」です（開業後の年数に合わせ、お客様の年齢層も高くなってきたので少しだけターゲット層は変わっています）。

コンセプトが決まるまでは「何をしたらいいのか」も自信がもてず、金銭的にも苦しんだ西尾さん。「お店をやるのであれば、コンセプトは初めにしっかり考えておいたほうがいい」と実感しています。

Case 3 開業後に考えたパターン②

福祉業務に特化した行政書士事務所

勝友香梨行政書士事務所（愛知県名古屋市）

本書の共同執筆者のひとりでもある勝友香梨さんは、2005年5月、勝友香梨行政書士事務所を開業。26歳のときのこと。初めての事務所経営、さらに、実務経験も人脈もない状態からのスタートでした。

実は、行政書士の業務というのは、1万種類もあると言われており、たとえば、官公署（各省庁、都道府県庁、市・区役所、警察署など）に提出する許認可申請の書類作成や提出代理、各種契約書や議事録、遺産分割協議書の作成など、多岐にわたります。

行政書士の中には、初めから自分の得意分野、専門分野を決めて業務を行なう方もいますが、勝さんは、いろいろな業務に挑戦してみて、そこからピンときた業務に特化していくことにしました。

何の業務をするにしても、お客様を探さなければならないということで、開業後すぐに、士業や会社経営者が集まる団体に所属し、経営者としての勉強をするとともに、人脈づくりに励みました。

名刺を配り続け、顔と名前を覚えてもらううちに、仕事が舞い込むようになったそうです。この時期は、さまざまな許認可業務や相続に関する業務から自動車の登録まで、一つひとつ勉強しながら経験を積み重ねた、まさに「種まきの時期」でした。

2008年に、勝さんの身内が届出や許可申請が必要な福祉事業を立ち上げることになり、全面的に開業のサポートをすることになりました。

株式会社の設立を皮切りに、居宅介護支援事業（訪問介護事業、訪問看護事業、デイサービス事業、有料老人ホーム事業の開業）に携わることができ、福祉事業の依頼もどんどん増えていきました。

福祉事業を専門とする行政書士の数がまだ少なかったこともあり、この開業サポートを機に「福祉業務に特化した行政書士事務所」にシフトチェンジし、現在に至っています。

振り返ってみると、開業初期はとくに専門分野を絞らずに、さまざまな業務を経験できたことはとても有益でしたし、そこから、**特化する業務を決めて深く掘り下げていく**やり方は間違いではなかった、と勝さんは感じています。

Point

開業後にあらためて「誰に」「何を」を考えるというパターンもあるのですね。

Work

あなたは「誰（=喜ばせたい人）に」「何を」提供しますか？

“ターゲット（＝喜ばせたい人）”は誰ですか？

性 別

年齢（年代）

その人たちが好む、品ぞろえや各種デザイン（店の内装・外装、ホームページ、名刺など）を考える際に役立ちます。

家族構成

お客様の動きやすい時間（帯）、自由になる金額や行動パターンなどを推測できます。

住んでいる地域

どこに広告を出せばいいのか、チラシを配る範囲や商圏を考えるうえでの目安になります。

趣味・特徴

「喜ばせたい人」に自分を知ってもらう際の手がかりになります。たとえば、「マラソン愛好者には高所得者層が多い」という傾向から、その層をねらって自動車や腕時計メーカーが大会に広告を出すなどしています。

私が考えるターゲットは「小学生とそのお母さん」。家族構成は「両親と子ども1～3人」で、住んでいるのは「我が家から半径5kmくらいの○○市と△△区」。あっ、そういえば、この地域は、海外に家族で赴任する人が多かったな。教育熱心なところも共通しているかも…
小学生の子どもへのマンツーマンの英会話レッスンがしたい！
海外で生活するなら「語学力」が大事。
急に赴任が決まったときの「エクスプレス対応」もウリになるかも…

その人に「何を」提供しますか？

提供するもの

その人が喜んでくれる理由

なぜ「それ」を提供するのですか？

海外赴任で、家族の英語がネックにならない人が増えるといいな！

①社会に「こんな風になってほしい」から？

②自分自身が困ったから？

③自分の技術やセンスに自信があるから？

親の赴任先で、なかなか順応できない子どももいるみたい…

④知識や経験が十分にあるから？

⑤誰かが困っているから？

⑤マーケティング

事業を広めるために何をしますか？

「お客様」の行動パターンをイメージ

「誰に」「何を」提供していくのかが決まったら、次は、その対象に、あなたのやっていることを「どうやって知ってもらうか」「選んでもらうか」を考える必要があります。

一般に、宣伝や販売促進というのは**「繰り返し行なう」ことで効果が出る**といわれています。とはいえ、いろいろな手法でやみくもに行なっても、時間やお金をムダにするだけ。それより、ターゲットとなるお客様を「こういう人でこういうものを見ている」と具体的に仮定し、その人の**「情報収集の方法」や「好むやり方」**をイメージした宣伝や販促を繰り返すほうが効果を期待できます。いわゆる、ターゲットの絞り込みですね。

たとえば、若い人がターゲットならユーチューブ（YouTube）やSNSを使うとか、お年寄りや家庭の主婦層には新聞の折り込み広告で宣伝するといった感じです。

事業を広めるための手法（40ページ）はいろいろありますので、その中から、「あなたのお客様にマッチして」「あなた自身が続けられる方法」を探してみてください。

名刺やチラシなどのアナログな手法だけでなく、自社メディアなど、何らかのWEB対策も必須です。それに加えて3～5種類は試してみることをおすすめします。

お店をつくったり、ネットに商品を載せたら売れるだろう、と思う人は多いのですが、現実はそう甘くはありません。期待したような結果にはならず、むしろ想定外のことが起こるものだと覚悟して、トライ&エラーしながら、柔軟に軌道修正していきましょう。

筆者の経験上、「世の中や社会の役に立ちたい」「人々を幸せにしたい」という強い使命感のある人や、「この商品の価値を伝えたい」といった明確なビジョンや戦略をもっている人は、ビジネスで成功しやすい傾向があります。こういう人たちは事業に対する覚悟も半端ではなく、事業を広めるための努力を惜しまないからです。

また、「仕事を上手に楽しめる人」や「負けず嫌いな人」「責任感のある人」なども、手間のかかることでも根気よく続けられるので、よい結果につながることが多いようです。

初めて起業する人には少しハードルが高いかもしれませんが、できることから少しずつトライしてみましょう。何もかもひとりで背負い込む必要はなく、自分でできないことは、お金を出して人に頼むことも考えてみてください。経営者として必要な姿勢です。

「誰が自分のお客様か」を考えることは「どんな手法で広告宣伝を行なうか」にもつながります。

事業を広めるための50の手法

自分のことを知っている人に知ってもらう

アナログ

【人的営業】㊹挨拶まわり　㊺ノベルティの配布

【郵便系】㊻開業を知らせる挨拶状　㊼年賀状・クリスマスカードなど

【販促カード】㊽名刺・会員カード・ポイントカード

デジタル

【WEB活用】㊾SNSで発信　㊿LINE公式アカウント
※ビジネス用のLINE

WEB活用は欠かせないですね
たくさんあって、なんだか迷います…

"自分メディア"を上手に活用！

	つくる目的		存在を知ってもらうために
ホームページ	会社案内	販売	・SEO対策 ・名刺、チラシにQRコード ・リスティング広告
ブログ	会社案内	ファンづくり	・検索キーワードを意識したタイトル、記事づくり ・読者登録、イイネボタン（SNS機能）の活用
Facebook	イベント	商品紹介	・FacebookページとFacebook個人ページの併用 ・イイネボタン（SNS）機能の活用
Instagram	興味喚起	ファンづくり	・#（ハッシュタグ）の活用 ・フォローしにいく ・写真映えする商品、スポットを用意

まずは、①自分のことを知ってもらい、それから②飽きさせない、忘れ去られない工夫をしましょう

それぞれの具体的な取り組みは、STEP4「マーケティング」のところ（160ページ～）であらためて紹介します。

自分のことを知らない人に知ってもらう

アナログ

【屋外広告】①野立て看板　②電柱広告

【店舗の外観装飾】③店舗前の看板　④のぼり　⑤ターポリン

【郵便・紙媒体】⑥DM（ダイレクトメール）　⑦ポスティング　⑧地域指定郵便　⑨チラシ（フライヤー）配布　⑩新聞折り込み　⑪行政機関広報誌での広告　⑫フリーペーパー

【店舗外広告】⑬他店舗でのチラシ・ショップカードの設置　⑭郵便局、駅での広告

【人的営業】⑮テレアポ（テレフォンアポイントメント）　⑯飛び込み営業　⑰紹介制度　⑱挨拶まわり　⑲マルシェなどへの出店　⑳異業種交流会　㉑業界団体等への加入

【メディア露出】㉒テレビ・ラジオ・新聞・雑誌広告　㉓プレスリリース（パブリシティ活動）

【既存の流通経路へのアプローチ】㉔展示会・販促イベント　㉕ふるさと納税の返礼品　㉖通販系カタログ掲載

デジタル

【既存の流通経路へのアプローチ】㉗ネットモールへの出店

【自社メディア作成】㉘ホームページ（HP）　㉙ブログ（blog）　㉚フェイスブック（Facebook）の個人ページ　㉛フェイスブック（Facebook）ページ　㉜インスタグラム（Instagram）　㉝ツイッター（Twitter）　㉞クラウドファンディング

【WEB活用】㉟SEO対策　㊱SNSでお客様に拡散してもらう　㊲クチコミの獲得　㊳グーグル（Google）への情報掲載

【WEB広告系】㊴キーワード連動広告　㊵クーポンサイト　㊶SNS広告　㊷各種情報系サイト（有料・無料）　㊸ネットモール内での広告

イメージするお客様に合った方法を考えました！

M美さん（英会話教室）の場合

目的

近隣地域の「小学生」に来てほしいから…
（○○小学校と△△小学校に通っている男女児童）

こだわりは「子どもの将来の夢を育む英会話」

教室名（屋号）は「ユメヲハグクム英会話」

英会話ができると将来の選択肢が広がる

だけど、押しつけ教育は英語ギライになりがち

子どもが好きなこと、将来なりたい職業を聞いて、英語に関心をもちやすい授業内容や宿題を設定

アナログ

- 小学校の通学路に野立て看板
- 学区内の郵便局にポスター
- 学区内でポスティング
- 学区内で配られる防災マップに広告
- 広報の裏面に広告　など

デジタル

- ホームページ
  例 カリキュラム、授業料などの基本情報だけでなく、教育への思いを書く
- ブログ
  例 授業体験会の様子や次回開催の案内など

ターゲットをきちんと決めると、PRポイントや宣伝する媒体・場所などが明確になるのね！
LINEでつながれば、イベントの案内などもしやすそう…

R子さん（宅配弁当）の場合

目的
通りがかりの人にも関心をもってほしいから…

アナログ

- 看板
  例 覚えやすい店名と業務内容（料理教室＋宅配弁当）がわかる工夫
- のぼり・ターポリン（垂れ幕）
  例 店のロゴマークやイメージにあった色や書体を選ぶ
- ショップカード
  例 宅配弁当に料理教室と店の案内カードを同梱。ホームページのURLも表記
- 名刺
  例 おもてに「宅配弁当やってます」、うらに「毎週○曜日は料理教室をやってます」
- 電話
  例 受注時にサイドメニュー（汁ものなど）もすすめる（客単価アップ）

新規客ばかりではなく、既存のお客さんにもPRするといいのね
アナログからネットへの流れをつくるとよさそう…

興味をもった人がネットで検索

デジタル

- SNS
  自分でもイベント情報などをアップ

例 料理教室や宅配弁当利用者にSNSをアップしてもらう

連動させるとホームページの信頼度向上

SNSの投稿がホームページに反映される仕組みをつくっておくと、検索で上位に出やすくなる効果もある

- ホームページ
  まずは、無料ホームページ作成サービスを使って…
  ▶料理教室の開催日、メニュー、価格などを掲載
  ▶宅配弁当のメニュー、価格、受注最低ロット、配達地域などを掲載
  ▶定休日や連絡先もわかりやすく告知

R子さんの料理教室のターゲットが小さい子どものいるママだとしたら…？

子連れOKの料理教室って楽しい♪

ママ友にもクチコミで広がる

自分のビジネスとターゲット層が似ている人とも協力関係を築く！

子ども+ママがターゲット

お店や教室にチラシを置き合う

相手のメリットも考えて連携するのがポイント

❻ケーススタディ

起業の成否を分けるものは何ですか？

先輩起業家たちの経験に学びましょう

ひとくちに起業といっても、さまざまな形態があります。

たとえば、本書に登場するM美さんやR子さんのように「好きなこと」や「得意なこと」で事業を始める人もいれば、何か資格をとって開業したり、商品やサービスをつくって販売するようなケースもあるでしょう。

ただ、いずれの場合も、ビジネスとして成功するには、「できること」「やりたいこと」「ニーズのあること」という3つの要素を満たしていることが基本です。

そして、自分が考えた商品やサービスを「喜ばせたい誰か」に買っていただくためには、その存在を知ってもらう努力や工夫が必要、ということをお伝えしました。

ここまで読み進めてくるうち、「もっと気軽に起業したいのに、いろいろ考えることがあってたいへん…」と思われたかもしれません。でも、大丈夫。**「成功」のかたちは人そ**

れぞれですが、実は**「失敗」はいくつかのパターンに分類できる**んです。

ここでいう「成功」とは、冒頭で定義した「お金をもらうこと」「利益が出ること」「継続して行なうこと」の3つを実現したということ。反対に、「失敗」とみなされるのは、成功の要因を満たせなかった場合です。

もちろん、「やるからには成功したい」「失敗はしたくない」と誰だって思うでしょう。

でも、どれだけ慎重に準備をしても、失敗することはあります。

ですから、不安になっても、それだけで起業をあきらめたりしないでください。

一度くらい失敗しても、それを糧にすればいいのです。

筆者は、これまでたくさんの起業家や経営者を支援してきましたが、成功するまでに一度も失敗したことがない人なんて会ったことがありません。

問題は「失敗すること」ではなく、「失敗して終わらせてしまう」ことです。

では、先輩起業家たちは、どんなふうに夢を実現したのでしょうか。

失敗してしまったときは、どうやって乗り越えればよいのでしょうか。

人の経験を共有することは、成功するためのヒントを得られるだけでなく、失敗を避ける方法や失敗してしまったときの対処法を見つけることにも役立ちます。

ここでは、起業スタイルの異なる事例をいくつか紹介しましょう。

Case 1

ターゲットを変更して新たな顧客を獲得

外国人向けのネイルサロン経営

加藤由紀子さん

起業の経緯

留学経験があり、英語は得意でしたが、元々はレストラン経営者でした。趣味で取得したネイリストの資格を活かし、空いた時間に友人の結婚式用のネイルチップを作成したりしていましたが、美容の仕事がしたくなり、自宅でネイルサロンを始めました。

成功の要因（工夫したこと）

最初に開業した自宅の周辺は、ネイルサロンの競合地域でした。差別化のためにパーソナルカラー診断を取り入れ、似合う色で手を美しく見せるネイルを売りにしたところ、順調に顧客を獲得できましたが、大手の有料美容系情報サイトが流行り始めたとたんリピート率が減少。そこで、ターゲットを日本人から外国人へ変更し、さらに営業場所も見直し、外国人が多い地域にある友人の店の空き時間を利用させてもらうことにしたんです。

外国人好みのデザインサンプルをつくり、外国人の働く店数か所に置いてもらったことで、新たな集客につながり、リピート率もアップしました。

Point

ネイルサロンのような一定のニーズがあるものは、「競争相手」も少なくありません。自分が得意で他人が容易に真似できない「何か」をサービスに加えられれば、成功の可能性は高まります。

Case 2

前職で培った経験と人脈を事業に活かす

美容グッズの開発

太田純子さん（株式会社シエル）

起業の経緯

美容関係のグッズ製作会社に勤務したあと、自分でセレクトした美容・健康商品を販売したいと思い、30代で独立開業しました。ある程度、商品開発の知識と人脈があったので、旧知の業者さんに生産委託をしたり、販売先は、自分で新規開拓しました。

成功の要因（工夫したこと）

交渉力や営業力は勤務時代に培ったものですが、自分ひとりでモノを売るのはむずかしいと思ったので、美容関係グッズの通販やネットモールを活用しました。その後、新規事業として始めた「医療用ウィッグを自宅や病室に美容師さんと届け、その場でカットするサービス」は、病院などへの挨拶まわりやイベントへの出展など人的営業をメインにするようになりました。

経験のある分野だったので、「どういう人がお客様になってくれるのか」「どうやったらその人たちに自分を知ってもらえるのか」をある程度習得してからスタートができたことがよかったのかな、と思っています。

Point

起業したい分野でまず、「勤務経験を積む」ことも検討してみましょう。スタート時点でノウハウを得てから始められることも多く、早期に経営が安定しやすいメリットがあります。

「店があればお客様は来る」と思い込んでいた…

自転車販売「バイクエイト」経営　若尾久恵さん

起業の経緯　ケガをしにくくなる少し特殊な靴を販売しています。もともと主人が自転車販売業を営んでいるので、そこに靴を置けば売れるかな、と考えていました。けれど、自転車がほしい人は来ても、そもそも靴に関心がないので、ほとんど売れませんでした。

失敗の要因（改善したこと）　お店で待つのではなく、マラソン大会など関心をもってくれそうな人がいるところに自ら足を運んでPRしました。テントを設けて試着会をしたら、少しずつお客様が増え、最近は、LINE公式アカウントを使ってイベントの案内も送るようにしています。

Point

初めての起業にありがちなケースです。鳴かず飛ばず…なんてことはざらで、もの珍しさから訪れてくれたお客様も、売るための工夫をしなければ、だんだん足が遠のきます。大切なのは、「知ってもらうための努力」と「忘れ去られない（飽きられない）ための努力」。商品やサービスは定期的に見直し、必要に応じて新しいものも導入していきましょう。

Case 4

ブログを読んでもらう工夫が足りなかった…

個室美容室「アトリエ・リリー」経営 石黒智恵さん

起業の経緯 がん患者さんなどを対象とした個室美容室を経営しています。当初「アトリエ・リリーのブログ」というタイトルでブログを書いていましたが、反応はイマイチでした。

失敗の要因（改善したこと） 「そのタイトルでは、アトリエ・リリーを知っている人しかブログにたどり着けない」との指摘を受け、「岡崎市　ウィッグとあなたの美容室　完全個室のアトリエ・リリー　医療用ウィッグ取扱店」に変更しました。

また、記事もほとんど毎日、更新するようにしたところ、いまではたくさんの人がブログを見て来店してくださっています。

Point

ブログやSNSで手軽に情報発信。それで、お客様がたくさん来てくれたら夢のようですよね。けれど、そんなケースは多くありません。ネット上には多くの情報があふれ、その中で「見つけてもらう」工夫がないと埋もれてしまいます。集客につなげるには、まずお客様が検索しそうなキーワードを盛り込むこと。そして、マメに情報発信して親近感をもってもらうことが必要です。人は情報を得て行動するまでに時間がかかると心得ましょう。

7 ワークライフバランス

仕事とプライベートを両立できますか？

「協力してくれる人をつくる」のが鉄則

女性が起業する場合、避けては通れないのが「プライベートとの両立」です。とくに働き盛りの年齢なら、結婚したり、子どもを生み育てたり、あるいは、親の入院や介護に時間をとられ、夫との関係が…と、実に**さまざまなライフイベントに直面**します。

ときどき、「自営業やフリーになったほうが会社勤めより両立がラクそう！」なんて思う人もいるようですが、とんでもありません。たしかに、子どもの学校行事参加など、あらかじめわかっていて短時間で済むことなら、自営業のほうが対処しやすいのですが、突発的なこと（自分や家族の病気など）や継続すること（介護など）の場合、**「自分の代わりは自分で探す」「協力してくれる人をつくる」のが鉄則**です。

実は、「プライベートとの両立が可能かどうか」は、金融機関が女性の起業家へ融資する際にも重視するため（90ページ）、成功するための大きなポイントの1つでもあります。

ここでは、苦労しながらも上手に両立している先輩起業家たちの声を紹介します。

Case 1 子育て支援サービスなどを上手に活用

手づくりコスメ教室「NAANO」経営 辻本奈々さん

起業〜両立の経緯

29歳で、子どもが2歳のときに手づくりコスメ教室を始めました。子どもが生まれる前はインテリアコーディネーターなどをしていて、最初はあくまで「趣味」の範疇でしたが、起業サロンで自分の強みを書き出すと、「手づくりコスメ」がキーワードとして浮かび上がり、「仕事になるかも」と自宅で教室を開くことにしました。

両立できた理由（工夫していること）

「家事は手抜きでもいいから、やってみたら？」と主人は協力的です。ただし、「子どもにしわ寄せがいかないように…」という約束なので、子どもと過ごす日は、あらかじめ確保するようにしています。

また、子どもが熱を出すなど、突発的なことにも対応できるよう、少し余裕をもったスケジュールを組み、時間が余ったときは事務作業を行なうなどしています。

自分ひとりですべてを抱え込まず、いろいろ情報を集めることも大切ですね。私の場合は、役所の子育て支援課で情報をもらったり、同じワーキングマザーの先輩と情報交換をして、病児保育やママ同士の送迎・託児サービスなども活用しています。

Point

事業を始めるにあたり、きちんと家族からの要望も聞き、実現するための努力をしているんですね。見習います！

Case 2 家族やママ友を味方にし、複数事業を展開

人材派遣会社「トライフィット」経営ほか

安藤摩里さん

起業〜両立の経緯

人材派遣会社を創業しましたが、主人が事故と病気に見舞われたことから早く子どもがほしいと思うようになり、開業から9年目に出産しました。

当時の売上は3億円弱。せっかく事業がまわり始めていたので、育休はとらず、出産後約1か月は自宅で仕事をこなしました。その後、外まわりに出るようになり、いまは、子育てママのための社団法人も経営しています。

両立できた理由（工夫していること）

「完璧」を目指さないことですね。私の場合、出産前後に1か月ほど会社を休みましたが、それを機に社員が成長してくれましたし、出産2か月後からは託児所の力も借りました。よく熱が出る子だったので、保育園に入るまでは実家に住み、両親にも協力してもらいました。夕方以降、できるだけ仕事を入れないようにしていますが、むずかしいときは主人やママ友が助けてくれます。

仕事でもプライベートでも、まわりの人とのコミュニケーションを大切にし、つながりをつくっておくことがすごく重要だと思います。

Point

成功している人は、コツコツと協力してくれる人をつくって、プライベートと仕事を両立させていたんですね。

Case 3

1日の働く時間を決め、自分のペースを維持

アトリエハリス「HALLIS café（ハリスカフェ）」経営

オーナーさん

起業～両立の経緯 岐阜県の山間部で、小さな手づくりカフェを営んでいます。

会社員時代から、お菓子や料理の修業を積み、経営についてある程度学んだところで、親族所有の一軒家を間借りしました。DIYで菓子工房に改装し、菓子製造許可を取得して、卸販売とイベント出店を開始。その後、念願のカフェをオープンしました。

出産で半年ほど休業した時期もありますが、いまは営業日を減らして、その分、注文菓子や焼き菓子ギフトを増やすなど工夫しながら続けています。

両立できた理由（工夫していること） カフェ経営は、たくさんの出会いが生まれる、とても楽しい仕事です。ただ、自営業で時間のしばりがない分、ついつい働きすぎてしまいがち。体調管理も仕事のうちと考え、営業は週末を中心に週に数日（月10日ほど）、1日数時間と決めて働くようにしています。

自分のペースを維持すると、時間だけでなく、気持ちにもゆとりが生まれますね。子育てや家族と過ごす時間は大切ですし、仕事以外の経験を増やすことで視野が広がり、経営にも活かせる気がします。

アトリエハリス
「HALLIS café（ハリスカフェ）」

⑧リサーチ

アイデアや思いを人に話してみませんか?

人に話すことで方向性や課題が見えてくることも…

さて、そろそろ、自分のやりたいことが見えてきましたか?

頭の中にあるその**アイデアや思いを人に話してブラッシュアップ**してみませんか?

アイデアというものは、考えているだけでは、どうしても独りよがりになりがち。人に話すことで、自分では気づかなかった(気づけなかった)新しい切り口や視点を得られたり、足りない部分や迷っていたことの答えがわかったりします。もしかしたら、相談相手が応援してくれて、未来のお客様になってくれるかもしれません。

えっ? 恥ずかしい? そうですね、事業によってはドン引きされるかもしれないし、ときには批判されるかもしれません。最初は「うんうん、楽しそう」などと聞いてくれても、いざビジネスとなれば、さまざまなリスクが伴うので反対する人もいるでしょう。

でも、そういった意見の中にも、参考になるものがあるはずです。

まずは、親しい友人や家族などに「軽～く」話をしてみてはいかがでしょうか。

Case

プレゼンを繰り返すうち、方針が明確に…

アクショングループ代表
大津たまみさん

起業の経緯

元夫の営むビルメンテナンス会社で働いた後、離婚を機に起業を決意。異業種交流会を開いたりしていたことから、マーケティングや人材研修の事業で起業しようと考え、事業計画書を作成し、先輩起業家に見てもらいました。

ところが、その先輩に「この事業計画では会社はつぶれる。あなたができることが盛り込まれてない」と指摘を受けました。そこから「自分には何ができるんだろう？　何がしたいんだろう？」と考え始めたんです。

取り組み

いま振り返ると、事業計画は60人以上の人にプレゼンしましたね。話してまわっているうちに、「掃除関連の仕事にずっと携わってきた自分ができることは、やっぱり掃除すること！」との思いに至りました。ただ、元夫と競合してお客様を奪ってしまうようなことはしたくなかったので、家事代行やハウスクリーニングなら競合は避けられるかな、と。

そのうえで、異業種交流会を主催していたころからの私のベースにある「働く女性たちを応援したい！」という思いもかなえられそうな気がしたんです。人に話すことで、自分に足りない部分や目指していることが、どんどん明確になっていくことを実感しました。

その後、起業して組織が大きくなるにつれ、いろいろ迷うこともありましたが、起業前にいろいろな方にアドバイスをいただいたおかげで、事業の方向性はぶれることなく順調に経営できているので、本当によかったと思っています。

M美さんとR子さんの
起業ストーリー❷

身近な人への リサーチ

まわりの意見を 聞いてみました！

人に意見を聞くメリット

①冷静な第三者の意見から改善点が見えてくる

子連れOKの料理教室？
○○クッキング
スクールみたいな？

近くにやっている
ところがあるんだ！
調べて違いを
出さないと！

②自分の中で詰めきれていなかったことが明確になる

うちは食品衛生
協会っていうの
に入ってたよ

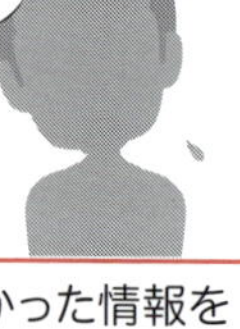

知らなかった情報を
得られる場合がある

お弁当の配達？
食中毒とか大丈夫なの？

調べて対策を
立てなくちゃ。
教えてくれて
ありがとう！

③開業したときのお客様になってくれる可能性がある

お弁当の宅配？
ちょうど知り合いが探し
ていたから、紹介するね

④新たなニーズを発見する場合がある

その教室っ
て妊婦さん
にもいいこ
とある？

栄養バランスのよい
メニューをつくって、
妊婦さん向けサーク
ルを運営している友
だちに見てもらおう

⑤本気になれる
（お尻に火がつく）

みんなに言った以上、
やらなくちゃ…

人に意見を聞くときの心がまえ

①否定的な意見が出ても、凹みすぎたり、怒らないこと

②期待しすぎないこと

すてきなお店♪絶対行くね～
私も～
ありがとう！ うれしい！（きっと世の中のママに受けるわ…）
あれっ、1回来てくれただけ？友だちだから気をつかったのかな…

③いろいろな意見に振りまわされすぎないこと

絶食よくない？この前テレビでやってたから、受けるって絶対！
私、こってり系が好きなんだ！
対象は、妊婦さんや小さい子どものいるお母さん。食べることを通じて、健康になってほしいから絶食はないな。こってり系も乳腺が詰まるからやめておこう…

ポイント

よかれと思って、いろいろな提案をしてくれる人も多いのですが、根拠がなく、「自分を基準」にしていることがほとんど。明確なターゲットやコンセプトをもち、ブレないことも大切です。

⑨プランニング

「事業コンセプト」をまとめてみましょう

夢や思いを具体的なかたちに変える

いろいろなアイデアを考えながら、まわりの人たちにも意見を聞いているうち、M美さんとR子さんの起業したい思いはより強くなってきました。

いま、M美さんは「英会話教室」、R子さんは「宅配弁当と料理教室」を事業にしたいと考えています。思いついたことを忘れないよう、ふたりはそれぞれ「事業コンセプト」としてまとめてみました（60ページ）。

この例を参考に、あなたも「事業コンセプト」をまとめてみましょう。36ページで考えたことと違うアイデアが浮かんでくるかもしれませんが、まだ構想段階ですので、きっちり仕上げようなどと考えず、気軽に書いてみてください。メモ程度でもかまいません。

ポイントは、**誰に（ターゲット）、何を（提供する商品・サービス）、どのように提供するのか（どうやって知ってもらうのか）**ということ。そして、まわりの人の意見から学んだこともまとめておくと、本格的に事業プランを立てる際にもきっと役立つはずです。

Work

私の事業コンセプト

✦ ターゲットは誰ですか？

✦ 何を提供しますか？

✦ どうやって知ってもらいますか？

✦ まわりの意見から学んだこと（気づき）

M美さんとR子さんの起業ストーリー❸
事業コンセプトをまとめる

やりたいことが具体的になりました！

料理教室＆宅配弁当を始めたいR子さん

ターゲットは誰ですか？

教室の半径 10km 圏内に住む「未就学児のいるママと妊婦さん」

何を提供しますか？

「家でも外でも楽しめる」カラダによい料理

＊料理教室（有機野菜＋無添加調味料を使った料理法の指南）
＊宅配弁当（有機野菜＋無添加調味料を使った弁当の配達）

どうやって知ってもらいますか？

①外看板の設置
②ホームページを開設し、関連情報を発信
③印刷物（チラシ、名刺など）の作成・配布（ホームページのQRコードをつける）
④知り合いのママサークルを訪問・印刷物を持参して挨拶
⑤ほかのママサークル、プレママ（マタママ）サークルを紹介してもらう
⑥弁当の購入時に印刷物を添える
⑦利用者がＳＮＳにアップしてくれたら特典をつける

まわりの意見から学んだこと（気づき）

◉自分の店のことしか考えていなかったけれど、お客様は店選びをする際、よそと比較しているもの
……▶近所のクッキングスクールは有料で託児サービスをしているため、自分の教室では、母に見守りを任せて無料にする

◉食中毒に関するニュースを見聞きし、対策が必要だと痛感
……▶食品衛生協議会の抜き打ち検査を受け、ＰＬ保険※に入ることを決意

※PL保険（生産物賠償責任保険）…製造・販売したモノに欠陥があったり、仕事の結果が原因で他人に損害を与えてしまった場合の賠償責任をカバーしてくれる保険のこと

英会話教室を始めたい M美さん

ターゲットは誰ですか？

教室の半径５km圏内に住む「小学生（＋その母親、家族）」

何を提供しますか？

海外暮らしで役立つ「小学生のための英会話レッスン」

＊一般コース（ＡＢＣから始める日常英会話）
＊速習コース（海外転勤予定者の家族のための英会話）
＊随時（海外転勤経験者による相談会の開催）

どうやって知ってもらいますか？

①学区内にある郵便局でのポスター掲示（有料）
②ホームページを開設し、関連情報を発信
③地域指定郵便でオープン告知のＤＭ(ハガキ)
④紹介制度を設け、教室に掲示して利用者に案内
⑤「親子で海外転勤」をテーマにしたブログ開始（ホームページとリンク）
⑥印刷物（チラシ、名刺など）の作成・配布

まわりの意見から学んだこと（気づき）

◉子どもが転勤先（現地）に馴染むまで、親のサポートだけでは限界がある
…▶ 海外転勤後も無料通信アプリによるサポートも検討

◉海外駐在員が集まる掲示板がある
…▶ 情報収集のために閲覧、ホームページやブログのコンテンツのヒントに活用

STEP 2

避けては通れない「お金」のこと

資金プランの立て方

起業を意識したとき、誰もが心配するのは「お金」のことではないでしょうか。

「お店を開くには、いくらぐらいかかるの？」

「そもそも、お金はどうやって準備したらいい？」

「どれくらい稼いだら、利益（儲け）が出るの？」

…などなど、初めての起業ならなおのこと、次々と疑問がわいてくるはずです。


あなたの頭に浮かんだとおり、事業にはさまざまなお金がかかります。

身近にお手本となる先輩起業家がいれば、単刀直入に聞いてみてもいいと思うのですが、日本ではまだまだ、お金のことを話題にする＝はしたない、との意識もあり、よほど親しくなければ、相談しづらいのが現状です。

では、どうすればよいのでしょうか。

最近は、インターネットを使えば、たいていのことはわかるようになってきました。試しに、「開業費」「内装工事費」など、思いついた言葉で検索してみてください。業種ごとの相場や起業した人の体験談など、幅広い情報を得ることができるでしょう。

また、国が全国に設置した「よろず支援拠点」（無料の経営相談所＝https://yorozu.smrj.go.jp/）を活用したり、自治体や金融機関が主催している、起業関連のセミナーや勉強会などに参加するのも1つの方法です。

起業自体は簡単ですが、むずかしいのは、利益を上げて事業を継続することです。いったん起業してお客様ができたら、その人たちのためにも、事業を継続していかなくてはなりません。それを支えるのがお金です。

とても大切なことなので、起業する前に、しっかり考えていきましょう。

POINT

起業する前に、
資金プランを立てましょう！
事業を継続するには、
計画的な「お金」の
やりくりが必要です。

❶心がまえ

起業には、どんな費用がかかりますか？

自己資金は全体費用の3分の1以上に

事業を行なうには、さまざまな費用がかかります。とはいえ、初めて起業する場合、どんな費用がかかるのか、まったく見当がつかないという人もいるでしょう。

事業の規模や店舗の有無、起業方法などによっても、必要な金額は大きく異なりますが、日本政策金融公庫（２０２０年調査）によれば、「開業費用」は５００万円未満の割合がもっとも多く、全体の43％以上を占めています。

資金の調達先は「金融機関等からの借入れ（平均８２５万円）」がもっとも多く、あとは、貯金など「自己資金（平均２６６万円）」でまかなうことが一般的です。

借入れについては後述しますが、必要な資金のうち、全額借入れでは金融機関の審査がまず通らないので、少なくとも3分の1以上は自己資金で準備しましょう。

事業を始めるための費用と続けるための費用

初めに必要なのは、**事業を始めるための費用**（**初期費用**または**開業資金**と言います）です。

名刺やチラシをつくったり、ＯＡ機器を用意すれば、その費用がかかります。店舗を借りれば、礼金・敷金や数か月分の賃料に内装費用がかかることもあるでしょう。

また、個人事業主として起業する場合は、税務署に「開業届」を提出するだけで起業できますが、法人（会社）にする場合は、「登記（とうき）」と言って、会社を立ち上げたことを登録する手続きも必要になります。

その際、「登録免許税」や「定款認証費用」などがかかります（設立する会社の形態によって費用は異なります）。

このほか、**事業を続けるための費用**（**ランニングコスト**あるいは**運転資金**と言います）として、月々の家賃や水道光熱費、商品や原材料の仕入れにかかる費用、広告宣伝費、店舗の修繕費、自分のスキルアップのための勉強費用なども必要ですし、人を雇えば、人件費などもかかります。

次ページでは、先輩起業家たちが実際に開業時にかけた費用を紹介します。

業種や業務内容もさまざまですが、ご自身が思い描く起業に近いものがあれば、目安にしてみてください。

◆私が「開業時」に要した費用例（概算）

業　種	場　所	内　訳	初期費用（概算）
エステサロン	賃貸物件 （住宅街）	家賃：7万円/月 （ベッド数3つ） 駐車場込 内装：150万円 開業時の備品：150万円 広告宣伝費：50万円	400万円
美容室	賃貸物件 （住宅街）	家賃：10万6000円/月 （広さ54平方メートル） 内装・備品：200万円 広告宣伝費：20万円 人件費：21万円/月 その他：仕入れ約35万円/月 光熱費 通信費 その他：5万円/月	350万円
英会話教室	自宅 ⬇ 賃貸物件 （住宅街）	家賃：なし （自宅の7畳一間でオープン） 教材費、広告宣伝費、 事務用品費等：50万円 人件費（講師）：30万円/月 その後、移転して家賃6万円/月 この時に50万円ぐらいかかった	200万円
洋菓子店	賃貸物件 （郊外）	賃貸物件 家賃：5万円/月 （木造2階建ての一軒家） 駐車場代：3万6000円/年	75万円 起業のための勉強費用、開業までに買いそろえた機材類を含めると120万円程度

理美容サロン専用のネットサービスで備品を調達するなどして、費用を抑えました

大家さんのご厚意で敷金・礼金はありませんでした

起業してから「思ったよりもお金がかかってしまった…」という話は、本当によく聞きます。「初期費用」だけでなく、開業後の「毎月かかる費用（ランニングコスト）」を見落とさないようにしなくちゃいけませんね。

業　種	場　所	内　訳	初期費用（概算）
士業	自宅（住宅街）	開業届：0円 パソコン：手持ち 実務補習代：15万円 登録免許税：なし	15万円
セラピスト	賃貸物件（オフィス街）	資格取得費：約100万円 家賃：11万円×3か月 敷金：約40万円 雑費（水道光熱費、税理士費用等）：30万円程度	200万円弱
美容グッズ開発	自宅（住宅街）	家賃：なし 会社（株式会社）設立：40万円程度 商品仕入れ：300万円程度 広告宣伝費、自分の人件費、その他経費：400万円超	800万円（自分の人件費込）
手づくりコスメ教室	自宅（住宅街）	家賃：なし 会社（一般社団法人）設立：12万円程度 商品等仕入れ：4万円程度 広告宣伝費：30万円程度	約50万円
アロマ＆ハーブティー	シェアオフィス（市街地）	家賃：1万4400円/月（広さ15平方メートル） 駐車場：5,000円/月 開業時の備品：約25万円 広告宣伝費：約1万円 仕入れ：当初10万円	約40万円

ホームページやチラシは自分でつくって、費用を抑えました

さだみ先生

開業届を出す前に払ったお金も「開業費」などとして処理できます。たとえば、ホームページや名刺をつくった費用は開業費に相当します。ただし、10万円以上のパソコンなどは「固定資産」になるなど、会計処理にはちょっと注意が必要です。

※青色申告をする個人事業主なら、30万円未満であれば、少額減価償却資産の特例で一括で経費計上が可能です。

❷年収上限

「扶養範囲」について知っていますか？

扶養家族になっている人は要注意！

「扶養の範囲内で起業したいのですが、いくらまで稼いでいいんですか？」

筆者が女性の起業希望者から相談を受けるときによく聞かれる質問です。

こんな相談をするなんて「起業を甘くみるな！」という考えもあるでしょうが、何を隠そう、筆者も起業当初は夫の扶養家族で、その後、収入ができて扶養を外れました。なので「まずは扶養範囲内での起業が目標」という人の気持ちもわかります。

うっかり扶養範囲を超えてしまって、あとから「家族手当を返してください！」ということになってもたいへんですもんね。

けれど、この「扶養範囲」。実は、ちょっとややこしいんです。

というのも、①税制上の扶養範囲（国税庁の基準）、②社会保険上の扶養範囲（厚生労働省の基準）、③会社の規定上の扶養範囲（各会社の基準）と、同じ扶養範囲という言葉でも異なる3つの基準が混在しているのです。

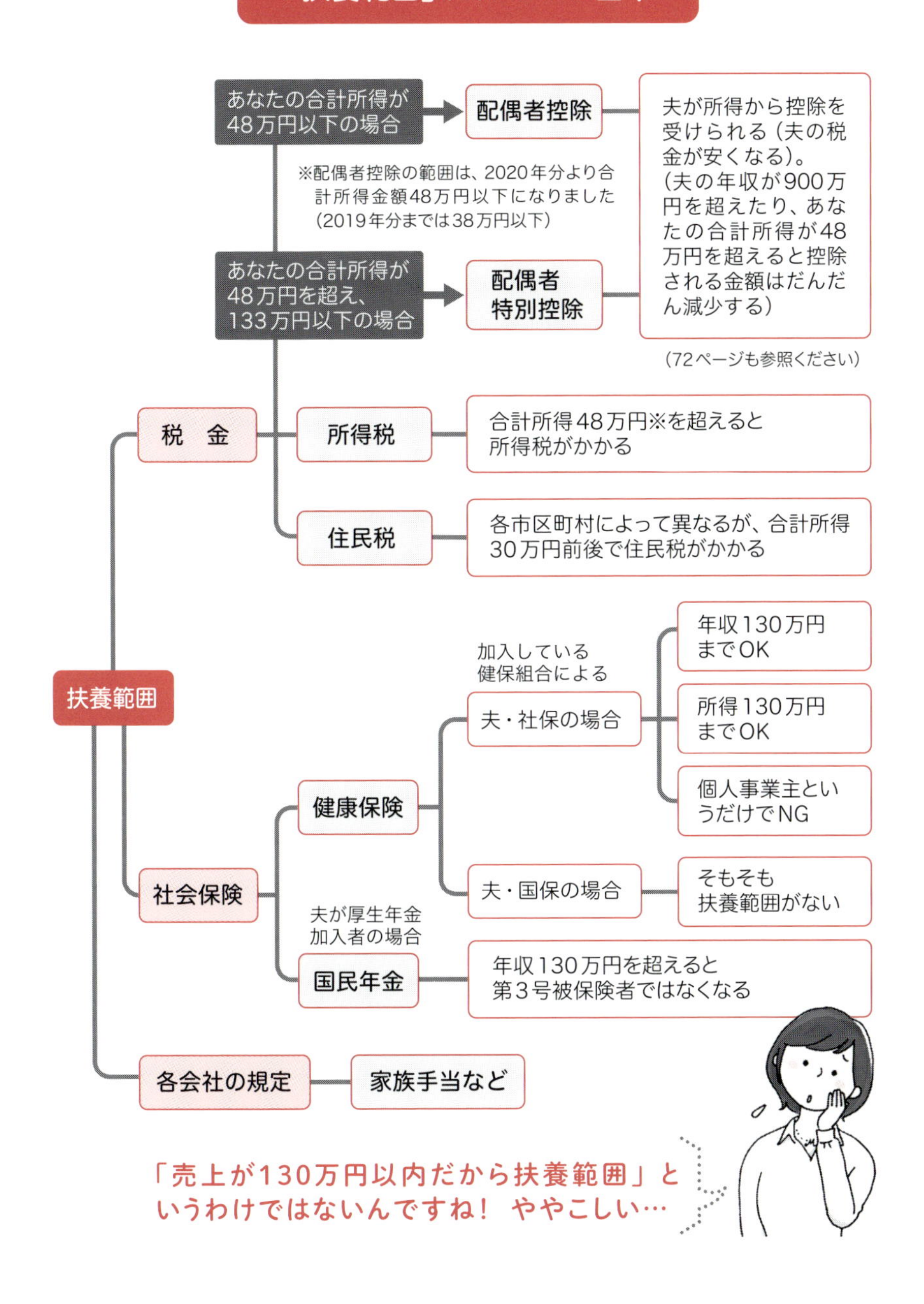
「扶養範囲」には３つの基準
あなたの合計所得が
48万円以下の場合
配偶者控除
夫が所得から控除を受けられる（夫の税金が安くなる）。
（夫の年収が900万円を超えたり、あなたの合計所得が48万円を超えると控除される金額はだんだん減少する）
※配偶者控除の範囲は、2020年分より合計所得金額48万円以下になりました
（2019年分までは38万円以下）
あなたの合計所得が
48万円を超え、
133万円以下の場合
配偶者
特別控除
（72ページも参照ください）
税　金
所得税
合計所得48万円※を超えると
所得税がかかる
住民税
各市区町村によって異なるが、合計所得
30万円前後で住民税がかかる
扶養範囲
加入している
健保組合による
夫・社保の場合
年収130万円
までOK
所得130万円
までOK
個人事業主という
だけでNG
健康保険
社会保険
夫・国保の場合
そもそも
扶養範囲がない
夫が厚生年金
加入者の場合
国民年金
年収130万円を超えると
第３号被保険者ではなくなる
各会社の規定
家族手当など
「売上が130万円以内だから扶養範囲」と
いうわけではないんですね！　ややこしい…

①税制上の扶養範囲（国税庁の基準）＝一定の金額内の収入（所得）の場合、所得税や住民税など税金を納める義務が免除されたり、配偶者が収入から一定金額を差し引かれたり（控除を受けられたり）します。

②社会保険上の扶養範囲（厚生労働省の基準）＝一定の金額内の収入（所得）の場合、健康保険料や年金保険料の支払いが免除されます。

③会社の規定上の扶養範囲（各会社の基準）＝会社ごとに設けられた基準で「家族手当」などが支給されます。

「扶養範囲」で起業するなら、３つの基準があるということはわかりました。では、「自分の場合はどうなのか」ということが気になりますよね。

それを判断するためにまず、②社会保険上の扶養範囲、③会社の規定上の扶養範囲から調べてみることにしましょう。

（1）配偶者が会社員の場合

配偶者が会社員の場合は、「配偶者の会社が加入する健康保険組合などの規程」と「会社の規程」を確認してください。

「配偶者の会社が加入する健康保険組合などの規程」からは、社会保険上、扶養の範囲でいるための「年収」や「所得」の決まりがわかります。また、「会社の規程」からは、家族手当などの支給のための「年収」や「所得」の決まりがわかります。

ちなみに筆者は、社会保険は夫の扶養からは外れています。そのため、「国民健康保険」「国民年金」を自分で払っています。しかし夫の会社の規程では、「家族手当は妻の所得がいくらまでの場合のみ支給…」といった項目がないので家族手当はもらっています。

家族手当等については、会社によって「(配偶者が)自営業というだけで即NG」という場合もあるようなので、配偶者の会社の規程を必ず確認しておきましょう。

(2) 配偶者が自営業の場合

配偶者が自営業の場合は、次の2つのパターンがあります。

(配偶者が(個人事業主などで)国民健康保険に加入している場合)

配偶者が国民健康保険に加入している場合、そもそも扶養範囲という枠組みはありません。すでに、あなた(もしくは配偶者)が社会保険料を支払っています。

(配偶者が(法人化している場合などで)社会保険に加入している場合)

配偶者が会社員の場合と同様に、「配偶者の会社が加入する健康保険組合などの規程」「会社の規程」を確認してください。

税　金
配偶者控除 合計所得48万円以下 配偶者特別控除 合計所得48万円超で「段階的に」減少
所得税 合計所得48万円超で課税
住民税 住んでいる市区町村の規定を調べる

配偶者控除と配偶者特別控除は…

収入の少ない配偶者がいる人（納税者）の税金を安くする制度

重複して受けることはできません！
夫婦の間で互いに受けることはできません！

【控除の対象となる配偶者】

①民法の規定による配偶者であること（内縁関係の人は該当しません）

②控除を受ける納税者と生計を一にしていること

③青色申告の事業専従者として給与の支払いを受けていないこと、または白色申告の事業専従者でないこと

さだみ先生

配偶者（奥さんなど）がいると、いない場合より、通常生活費がかかりますよね。そのため、もし配偶者の収入が少ない場合は、手元にお金が残るように配慮された制度です。納税者自身（夫など）の収入から一定の金額をいわば「必要経費」として差し引いて（控除して）、残ったお金に税金をかけることで納税額が少なくなる仕組みです。

配偶者の合計所得金額が48万円以下の場合に適用される控除が「配偶者控除」、48万円を超える場合に適用される控除が「配偶者特別控除」という名称です。

「控除される金額がいくらになるか?」は、納税者（夫）の収入や配偶者（あなた）の収入によって異なります。たとえば、夫の合計所得が900万円以下で、事業を始めたあなたの合計所得が95万円以下の場合、夫が控除される金額は38万円です。

なお、配偶者（あなた）の収入が〇〇円を超えたら「いきなり控除がつかなくなる！=夫の税金が一気に増える！」のではなく、あなたの収入や夫の収入が増えると段階的に控除される額が減少していきます。

もし、（夫の合計所得が900万円以下で）あなたの合計所得が95万円を超えても、100万円以下なら36万円、105万円以下なら31万円……と、あなたの合計所得が133万円を超えるまで控除は行われます。

◆「扶養範囲」内で起業するとは

配偶者の働き方	社会保険上の扶養範囲		会社の規程上の扶養範囲
	国民年金	健康保険	
A 会社員 （会社に雇われている）	年収 130万円まで	配偶者の会社が加入する健康保険組合などの規程を調べる	家族手当などの支給基準を調べる
B 自営業で国民健康保険に加入している （社会保険の場合はAと同じ）	調べなくてもよい （「扶養範囲が存在しない」ため、すでに払っている）		

「扶養範囲」内で働くには、
どうすればいいのですか？

M美さんの場合は、
夫の会社の家族手当支給の基準→妻の収入額に関係なく支給
夫の会社の加入する健康保険組合の規定→年収130万円までOK
なので、起業1年目は、年収130万円までを目指してはいかがでしょう。

❸所得控除

税金が安くなる仕組みを知っていますか?

「所得」にもいろいろな種類がある

1年間に入ってくるお金のことを「年間収入（年収）」と言いますが、個人事業主にとっての「所得」とは、この収入から必要経費（78ページ）を差し引いた金額です。

この所得にもいろいろな種類がありますが、ここでは「事業所得」「課税所得」「給与所得」の3つについて押さえておきましょう。

- **事業所得＝売上高－必要経費**

夫が配偶者控除を受けられるかどうかなどの基準となります。

- **課税所得＝売上高－必要経費－いろいろな所得控除**（76ページ参照）

税金がかかるかどうかなどは、これが基準です。

- **給与所得＝どこかに勤めて得られるお金**

会社員の場合、個人事業主のように収入から必要経費を差し引けない代わりに、一定の金額を給与から差し引く仕組みがあり、これを「給与所得控除」と言います。

「所得」とはそもそも何？

売上高

事業所得 | 必要経費

個人事業主の場合、課税所得がある場合は確定申告が必要

課税所得 | いろいろな所得控除 | 必要経費

課税所得は、実際には事業所得や給与所得を合算した合計所得金額から所得控除を引いて計算するが、ここでは簡易的に表現している

給与収入

所得 | 給与所得控除（55万円）

会社員の場合、給与収入が103万円なら、55万円が控除されて所得は48万円という計算になる

※給与が180万円を超すと控除額は変わります。

Point

ここでいう「売上」は厳密には「収入」です（「収入」には売上に加え、補助金など物品の販売以外などで入ってきたお金も含みます）。話をわかりやすくするために、ここでは「売上」で表記しました。

さだみ先生

⁑所得を減らし、税金を安くできる「所得控除」

先に説明したとおり、「収入から必要経費を差し引いたもの」が「(事業)所得」です。この「(事業)所得」がいくらになるかによって、「夫などが配偶者控除を受けられるか」といったことが決まります。

一方、「税金をいくら納めないといけないのか」は、「課税所得」によって決まります。「(事業)所得」から「所得控除」を引いたものが「課税所得」で、これを元に所得税を計算することになります。

所得控除にはいろいろな種類があり、それぞれの控除ごとに適用できる要件が異なります。自分が使える所得控除があるかどうか、一度調べてみましょう。

【所得控除】 医療費控除、社会保険料控除、小規模企業共済等掛金控除、生命保険料控除、地震保険料控除、寄附金控除、障害者控除、寡婦(寡夫)控除(＝この控除は女性と男性では要件が異なります)、勤労学生控除、配偶者控除、配偶者特別控除、扶養控除、雑損控除、基礎控除

〈所得税の計算式〉

(個人事業主の場合) 収入－必要経費－所得控除＝課税所得

課税所得×税率－課税控除額＝所得税額(納付額)※

※課税所得に応じた税率や控除額は、国税庁のホームページなどで「所得税の速算表」を検索してください。

ちょっとややこしいのですが、まずは「**経費にはできないけれど、控除できる項目がある**」と覚えておいてくださいね。

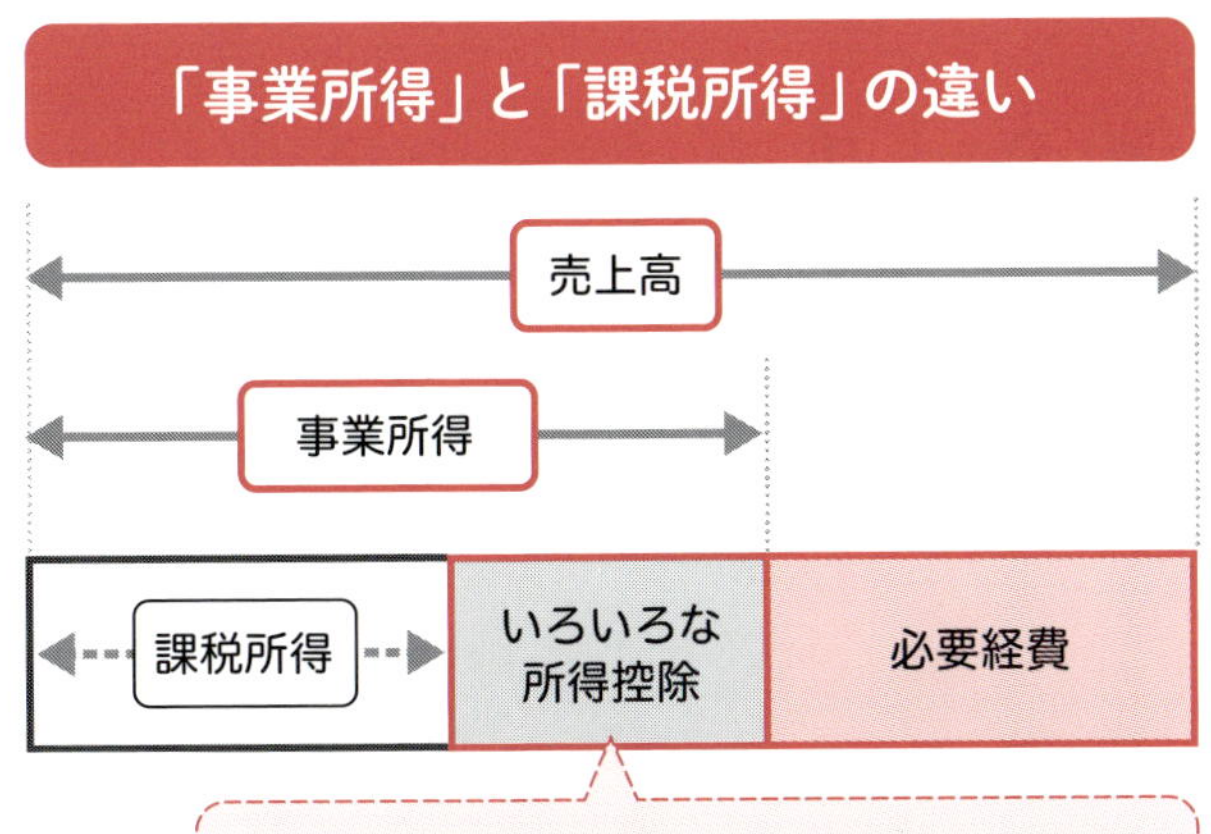

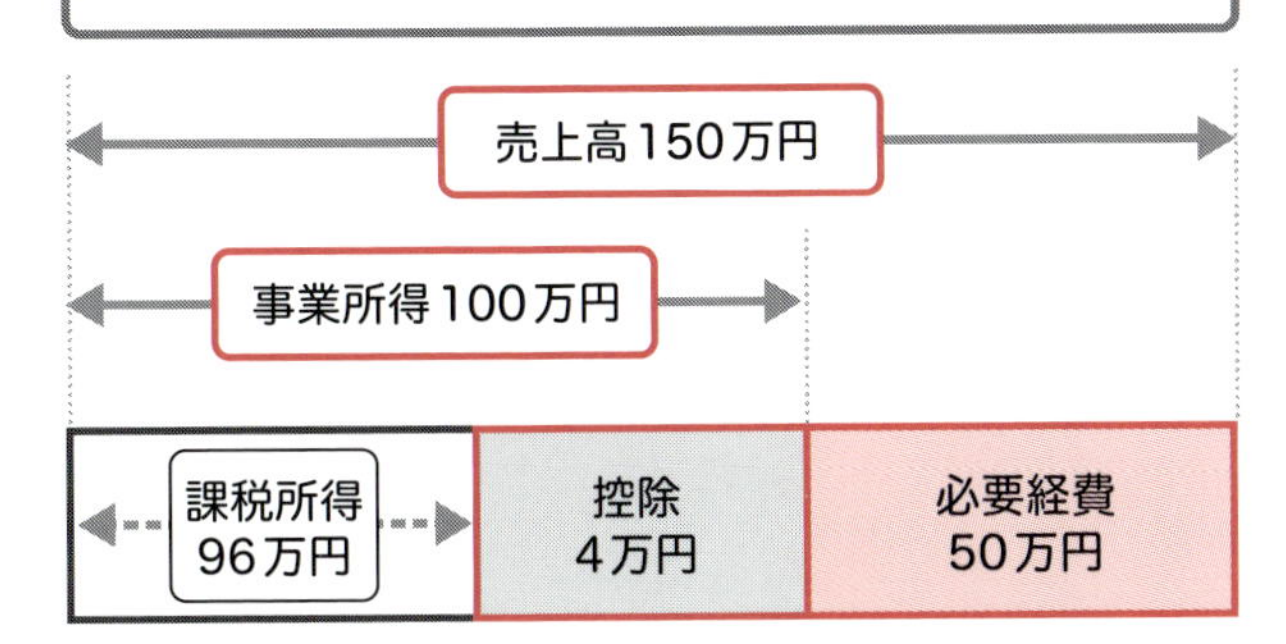

「小規模企業共済」に加入すれば、将来にそなえての積み立てとなるとともに、掛け金が全額、所得控除対象となるので節税効果もあります。

さだみ先生

④必要経費

お金の管理は「コスト意識」から始まります

知らないと損する「節税」の知識

事業を行なうためにかかった費用は、「必要経費」にすることで節税ができます。
しかし、同じ品物を買った場合でも、経費として認められる場合と認められない場合があります。では、「何がどこまで」経費になるのでしょうか。

たとえば、カフェで飲んだコーヒー代は、「打ち合わせのための喫茶代」であれば、経費として認められます。けれど、「家族や友人との利用」であれば、個人的な支出なので経費にすることはできません。

洋服を購入する場合、仕事用のスーツであったとしても、プライベートでも着用できるような場合は経費にはできません。しかし、お店のロゴマークが刺繍されたウエアやキャップ、ヨガの先生のレオタードなどは、通常、仕事以外には使用しないと考えられるので経費として認められます。

支払った税金も、所得税、住民税などは、事業に関係なく支払う義務のあるものなので経費とならず、事業用の自動車の自動車税などは経費となります。

また、お店の家賃や商品の仕入れ代、アルバイトさんの人件費などが経費になることは知っている人が多いと思いますが、実は「事業専用でないもの」も、事業に使うのであれば、その使用割合（使用時間や頻度）に応じて経費にできるものもあります。

たとえば、自宅兼事務所の電気料金や通信費、水道光熱費、家賃などは、**「事業用に使用した割合分」は経費**になります（生活にかかった費用と事業にかかった費用で分けることを「家事按分」と言います）。

きっちりと「これは仕事用」と区分できなくても、たとえば、水道料金の場合、請求額にだいたいの割合をかけて計算すれば大丈夫です。

この「経費になるもの・ならないもの」については、179ページに一覧表にしておきました。帳簿整理（仕訳）などの際に参考になさってください。

Point

「持ち家」の場合も事業としての使用割合に応じて経費にできますが、状況によって、経費の算入のしかたが違います。事業割合が10％以下で自分で住宅ローンを返済している場合は、住宅ローン控除を受けたほうが得するケースもありますので、税理士に相談するなど、よく考えてから経費にしましょう。

さだみ先生

5 減価償却

「経費」にするためのもう1つのルール

複数年にわたって経費として計上する制度

「減価償却（げんかしょうきゃく）」ってご存知ですか？

簡単にいえば、「何年も使うものなら、お金を出したときに一度に経費にするのではなく、何年かに分けて経費にしてくださいね」という制度です。

もう少しくわしく説明すると、パソコンや車など長期間にわたって使用し、経年劣化により価値が下がっていく（減価していく）資産を取得した際に、その取得費用を資産ごとに決められた「耐用年数（たいようねんすう）」の期間に振り分けて、各年度の経費（減価償却費）として計算する会計処理のことです。

たとえば、車を購入する場合、最初に160万円を支払ったとしても、それを購入した年だけではなく、その後、数年間（分割して）経費として処理できます。

また、家族も車を使うため、「仕事に使う割合がだいたい20％程度」であれば、減価償却費のうち20％は経費として認められます。

減価償却

年々価値が下がっていく（減価していく）固定資産に対する会計処理。事業で使う高額なものを買った場合、その費用は複数年にわたって「経費」にできる。

＊「100％事業用」でなくても、「私用でも使う」場合も対象となる
＊「何年間、経費にできるか」は、買ったもの（購入条件）によって異なる

CASE 事業で使う自動車（新車）を160万円で買った場合

★新車は「6年間（耐用年数）」経費にできる（中古は耐用年数の計算が異なる）

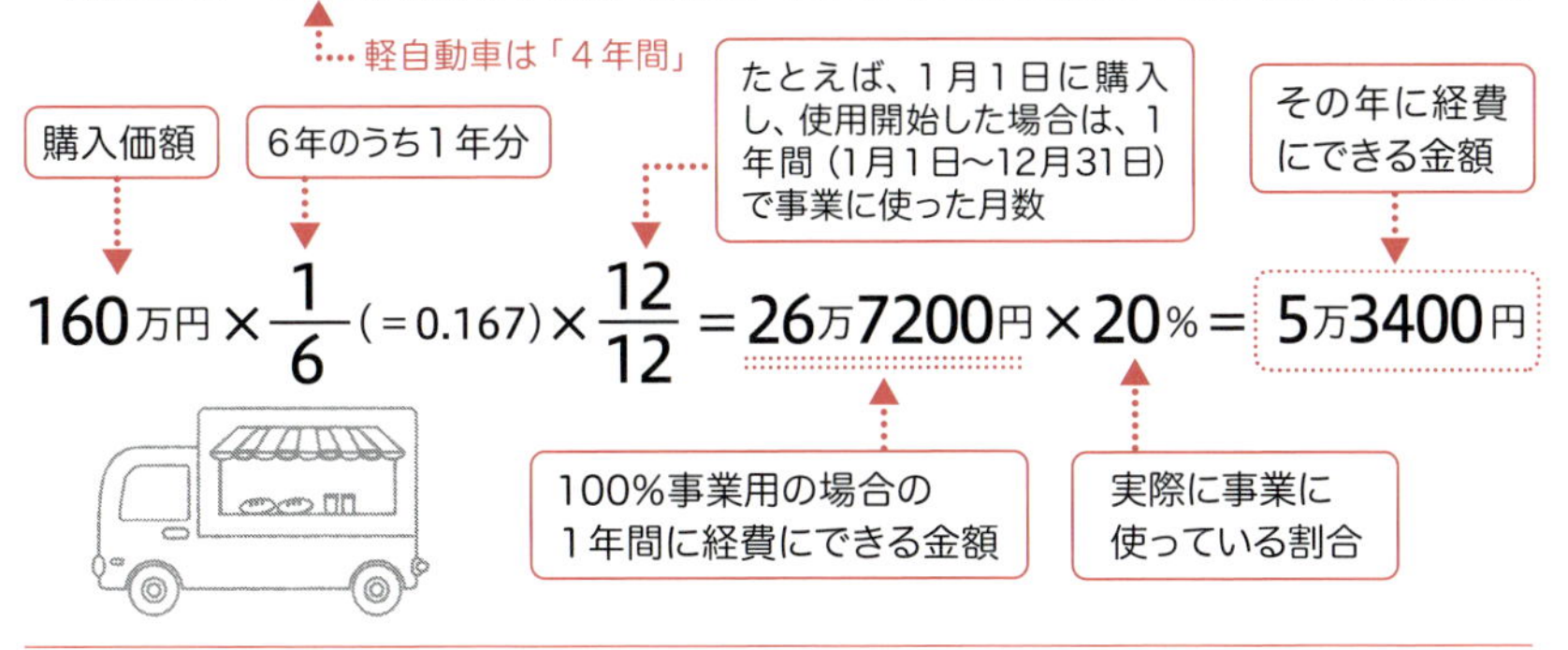

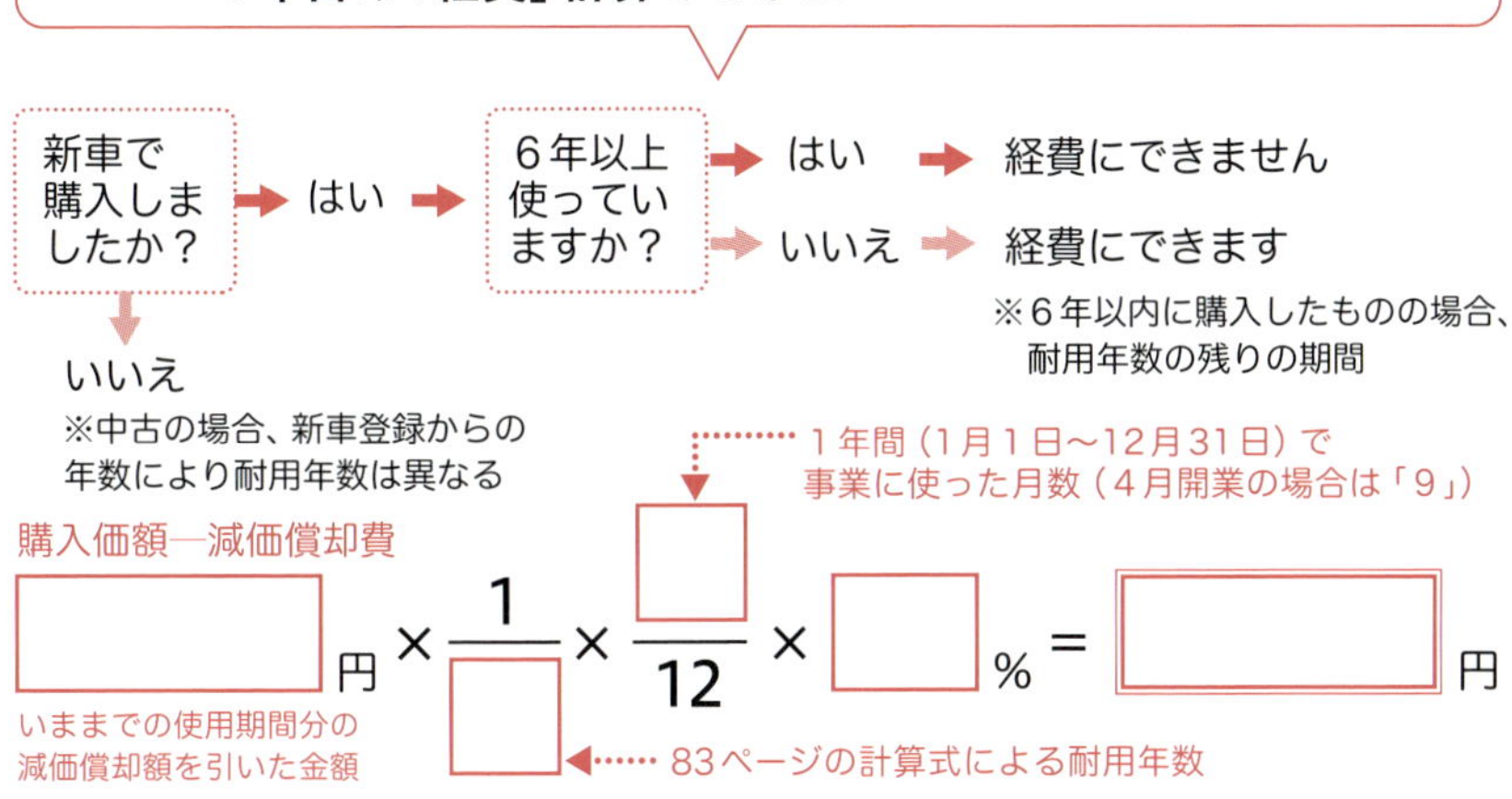

このように、「かかった費用を複数年にわたって経費として計上」できれば、その期間の利益額が抑えられ、その分税額も抑えられるというわけです。

①

1年目

税金かからない

売上160万円－経費（車購入代）160万円＝所得0

2年目

税金いっぱい！

売上160万円－経費0万円＝所得160万円

②

1年目

税金かかる

売上160万円－経費（車減価償却費）26万円＝所得134万円

2年目

税金かかる

売上160万円－経費（車減価償却費）26万円＝所得134万円

この減価償却について知っておくことは、とりわけ個人で事業を営んでいる人には、さまざまなメリットがあります。仮に、減価償却しない場合と比べてみましょう。

「車は6年間使用する」「売上は一定（160万円）」とした場合、買ったその年しか経費にできなかったら、税金は①のように計算されることになります。ただし、車以外の経費はかからないものとします。

そこで、減価償却をすると、②のように課税所得の金額が変わってきます。

なお、「何年間にわたって経費にするのか」はモノによって異なり、品目ごとに法律で定

められた「法定耐用年数」のルールに従うことになります。たとえば、事業に車を使用する場合、新車の場合は「6年」、中古車の場合は短くなります（※計算式参照）。

少しややこしいですが、減価償却は（その年にお金を支払っていなくても）経費として処理できる制度です。金額も大きくなることが多いので正しく処理しましょう。

※中古車の耐用年数の計算式（2年以下は2年）

6－年数＋年数×0.2（小数点以下は切り捨て）

たとえば「3年」の場合

6－3＋3×0.2＝3.6年→3年

自動車や建物、機械装置のように複数年にわたって使えるものは、お金を払った年以降も、（一定期間）経費として処理できるんですね。

Point

自宅を事務所として利用する場合、自宅の建物も減価償却の対象となって一部経費に算入できますよ。ただし、建物を建てる際に自分でお金を出したかどうか、といった条件があります。詳しくは税理士にご相談ください。

さだみ先生

⑥資金調達1

起業を支援する公的制度を知っていますか？

補助金・助成金で拡がる可能性

「起業するなら、補助金や助成金がもらえるらしいよ！」

そんな話を聞いたことはありませんか。

実はこれ、3割ぐらい正しくて、7割ぐらい間違っています。

いったいどういうことなのでしょうか。

そもそも、補助金とは「〝チャレンジする事業〟に対してもらえるお金」であり、助成金とは「人をきちんと雇ったり教育したりするときにもらえるお金」です。ほかにも、いろいろな分類の仕方がありますが、ここでは便宜上そのように表現することにします。

いずれも、事業の可能性を拡げるのに役立つ資金であり、返済は不要です。

申請してみる価値はあり

たしかに、補助金や助成金があれば、事業の可能性も拡がりそうですが、「いつでも募集されている」ものではありません。国や県などが、毎年「この分野を伸ばしたい！」という目標のもとに予算を組んで設けられるものなのです。

ですので、「今年は中小企業のＩＴ化を促進するぞ！」という目標があれば「ＩＴ化に対しての補助金」が用意されますし、「景気が悪くて失業者がたくさん出そうだ」という状況になれば、失業者であふれかえったらたいへんだから「（失業保険を払っていた人が起業しやすいような）助成金制度を設けます！」となります。

また、「応募すれば誰でももらえるか」というと、そういうわけではありません。補助金の場合、事業プランなどを書いた申請書を提出し、さらにそれが審査され、結果のよい人が採択されるのが一般的です。当然ながら「落選」する人もいます。

一方、助成金の場合は、要件を満たしていればもらえることが多いのですが「（自分が代表者として従業員の）社会保険料をきちんと負担していること」が大前提です。

このように補助金・助成金はその内容が毎年大きく変わりますので、活用したい場合は、補助金は商工会議所や税理士、中小企業診断士、助成金はハローワークや社会保険労務士に条件に見合うものがないか確認をすることをおすすめします。

いずれにしても、あまり補助金・助成金をあてにせず、「もらえればラッキー」くらいで考えておくほうがよいでしょう。

起業時に、補助金・助成金を使わずに成功している人はたくさんいます。

Column

「補助金も善し悪し」

「5軒中4軒がつぶれた」

これ、何の数字だと思いますか？

とある町で「家賃補助を受けて創業した店の3年後」です。家賃補助を受けて創業した店5軒のうち、3年後も続いていたのは1軒だけでした。

なぜ、そうなったのでしょうか。

通常、補助金は永遠に続くものではなく、期間限定です。いわば、「創業時のリスクは軽減してあげるけど、その後の運営は自力で頑張ってね」という位置づけです。あたりまえですよね。税金（補助金）からいつまでも特定のお店だけを手助けすることはできません。

けれど、スタート時に家賃補助を受けてしまうと、永遠にそれが続くかのような錯覚に陥り、家賃補助がなくなったときに立ちいかなくなるような価格設定・運営コストで事業を行なってしまう人も多いのです。

補助金がなくなるからといってあわてて売価を上げたり、バイトさんの時給をカットする、なんてわけにもいきませんよね。

もし補助金を活用したとしても、それは「一時的なもの」として、事業に必要な資金は「自給自足」できる体制を整えましょう。

起業するからと言って、必ずしも補助金・助成金がもらえるわけでなく、いろいろな条件やタイミングがあるんですね。

Point

補助金は「先にもらえる」わけではなく、「使ったあと返ってくる」ものがほとんどです。また、「補助金を使ってきちんと成果が出たか」といった「報告義務」も数年にわたって課されます。

面倒に感じるかもしれませんが、現金を先に渡したら生活費に使ってしまう人もいますし、「渡しっぱなしで効果が不明」では、税金を正しく使えているかもわかりません。

それでもいいよ、というのならば、事業の可能性も拡がりますし、チャレンジをしてみる価値はあります。

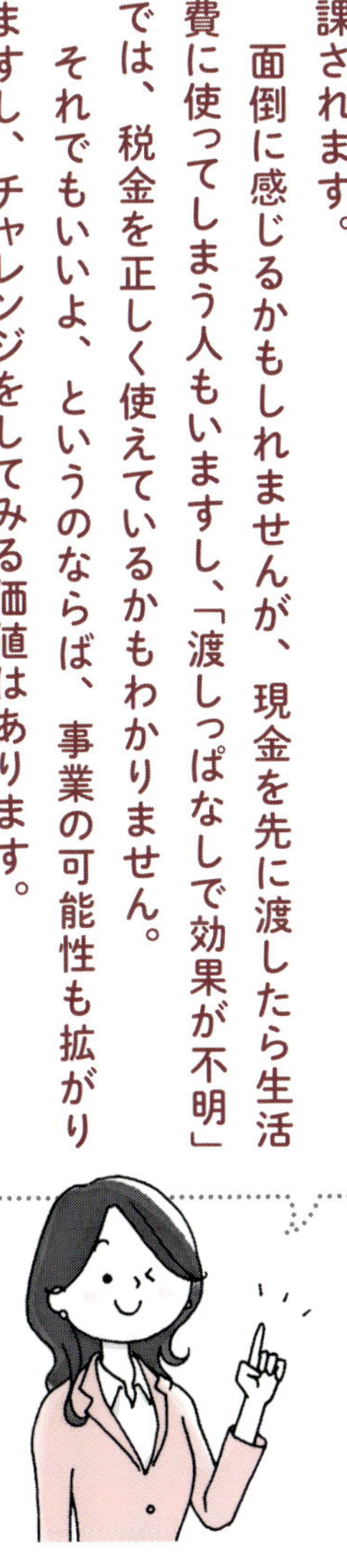

❼ 資金調達2

金融機関などから「融資」を受けるには？

お金を借りる「融資」という方法もある

みなさんの中には、銀行などの金融機関からお金を借りて事業を始めたいと考えている人もおられるかもしれません。ここで、制度の仕組みを簡単に説明しておきましょう。

金融機関からお金を融通してもらうことを「融資（ゆうし）」と言います。

融資の制度にはさまざまなものがあり、女性やシニア（高齢者）、若年層の起業家を対象としたものもあれば、新規開業あるいは再挑戦（再建）に限定したもの、ＩＴ導入や地域活性化に特化したものなど、対象や目的ごとに細かく分かれています。

「出資」と「融資」の違い

資金を調達する手段としては、「出資（しゅっし）」という方法もありますが、最大の違いは「返さなければいけないお金かどうか」という点です。

出資は、その会社の将来的な成長や、上場した場合の株価の値上がりや配当を期待するため、「返さなくてもよいお金」です。返さなくてもよい分、出資を受けるための条件は厳しくなります。

一方、融資は「返さなければいけない借金」ですので、高額な資金を融資してもらう場合には、「担保（たんぽ）」を求められることもあります。担保というのは、お金を借りた人（債務者）がお金を返せないときに備えて、お金を貸す人（債権者）がかける保険のようなもので、大きく分けて「人的担保」と「物的担保」があります。

人的担保とは、お金を借りた人以外の人、つまり、保証人による担保です。

物的担保とは、不動産などの特定の財産による担保です。株や有価証券などを担保としてお金を借りることもでき、返済できなくなった場合に、お金の代わりとして回収されます。

なお、お金を借りた際に必要となる金利は、資金の使いみち、融資期間、自己資金の金額、担保のあるなしなどの諸条件によって変わります。

金融機関はここを見ている！

金融機関はお金を貸して、それに利子をつけて返してもらって成り立っています。ですので「貸すかどうか」を決めるにあたっては、当然ですが「返せるかどうか」を事前に審査します。では、どのような点を審査するのでしょうか。

「売上と経費の計画（が妥当で本当にお金が返せるかどうか）」「もしも（事業がうまくいかず）返せなかったときに補てんできるだけの資産（担保）があるか」などの「数字で表せる項目」に加え、実はその人の「人間性」も見ています。

「人間性」が高ければ、担保がなくても（一般的に利率は高くなりますが）お金を貸してもらえる可能性も高まります。

ここでいう「人間性」には「責任感がありそうか」「経歴が備わっているか」といった、男女を問わず見られる項目のほか、女性ならではのポイントもあります。

金融機関が女性の借入希望者のどこを見ているのか、参考までに、元融資担当者の声を紹介しておきましょう。

プライベートとの両立が可能だろうか…

長年、金融機関で多くの女性経営者を見てきましたが、「プライベートとの両立ができずに廃業する」ケースがたくさんありました。

「何か突発的なことが起こって急に店をたたむ」のではなく、「親が弱ってきたから定休日を週1日から2日、2日から不定期に…といったことを繰り返しているうちにお客様が離れてそのままずるずる閉店」といったケースです。自己都合に顧客は合わせてくれません。

ですから私は、女性から借入れの相談があった場合、家族構成や協力してくれる人がいるかどうかを必ず聞いていました。「何かあったとき協力してくれる人をつくること」も経営者として必要な能力だと考えています。


（元・信用金庫　支店長）

ライバルが出現しても大丈夫だろうか…

女性の起業に限ったことではないのですが、「ライバル」が登場したときに太刀打ちできる「何か」があるかどうかも重要なポイントです。

流行分野での起業の場合は、その流行が去ったときにどうするのか、また、資金力のある大手が商圏内に同じビジネスで参入したらどうするのか、といった問いかけに明確に答えられない場合、融資はむずかしくなります。

夢と希望をもって起業をしても、ライバル登場といった事態が起こったとき、何も想定していなかったら一気に心が折れるケースも多々あるからです。お金を借りるのであれば、リスクを含め、現実を見据えた計画を立てましょう。


（元・信用金庫　支店長）

信用保証協会の創業を支援する制度

信用保証協会は、中小企業・小規模事業者が金融機関から「事業資金」を調達する際に、保証人となって融資を受けやすくなるようサポートする公的機関。全国各地に拠点をもち、地域に密着した支援を行なっている。

対象者

中小企業・小規模事業者

利用条件

制度を利用するには、次の3つの基準を満たし、かつ審査に通ることが必要
また、融資を受けた場合「信用保証料」が必要となる
（「信用保証料」は財務内容など一定の条件を満たす場合には割引制度もある）

①規模（資本金・従業員数）
業種別に定められた資本金と従業員数の条件を満たしていること
例：小売業・飲食業…「資本金5000万円以下」または「従業員数50名以下」
　　個人事業主…常時使用する従業員数によって判断

②業種
農林漁業や金融業などの一部の業種を除き、ほとんどの商工業の業種が対象
ただし、許認可・届出等が必要な事業の場合は、その許認可等を受けていること（予定も含む）

③区域・業歴
各信用保証協会の管轄区域（都道府県・市）で事業を営んでいること
保証制度によって、要件として業歴が定められている場合もある

保証制度

例：創業関連保証
対象者：これから創業する人または創業5年未満の人など
資金用途：創業により行なう事業の実施のために必要な設備資金や運転資金
条件：事業計画（ビジネスプラン）が明確であること
保証限度額：2000万円（無担保）

一般社団法人　全国信用保証協会連合会（JFG）
ホームページ　https://www.zenshinhoren.or.jp/
※お近くの信用保証協会の一覧（問い合わせ先）も掲載

日本政策金融公庫の「新規開業資金」

日本政策金融公庫は、政府100%出資の政策金融機関。個人企業や小規模企業向け融資ほか、全国152の支店網を活かした商談会や経営支援、創業セミナー、メール相談なども行なっている。

対象者

新たに事業を始める人や事業開始後おおむね7年以内の起業家

融資内容

融資限度額7200万円（うち運転資金4800万円）
返済期間は設備資金が20年以内、運転資金が7年以内
※使いみち、返済期間、担保の有無などによって異なる利率が適用される
くわしくは、支店窓口や創業ホットライン「0120-154-505」まで

日本政策金融公庫（JFC）ホームページ
https://www.jfc.go.jp/n/finance/search/01_sinkikaigyou_m.html

金融機関からお金を借りるのは事業計画や面談が必要で一見面倒に思えますが、必要な手続きを通じ、事業プランがきちんと整っていくというメリットがあります。
金融機関のハードルが高いからと言って、間違っても安易にお金を貸してくれるところから借りたりしないように注意してください。

❽プランニング

「資金プラン」を立ててみましょう

目的は、おおまかな予算を把握すること

資金プランを立てることは、そんなにむずかしいことではありません。まず、事業のための費用をどうやって用意するかを考えてみましょう。そのためには、自分の「資金力」を把握する必要があります。

次に、事業を始めるための費用（開業資金）と事業を続けるための費用（運転資金）について、おおまかな予算を組んでみましょう。まだプランの段階なので、「〇〇にはこれくらいの費用がかかるかも…」と思いつくまま列挙するだけでかまいません。

おおよその費用がわかると、商品・サービスの値段を決める際にも活かせます。

費用って意外と
かかるんですね…

Point

実際やってみると、想定外の費用が必要で、計画段階より3割増くらいかかると考えておくとよいでしょう

Work 「資金力」を洗い出してみましょう（資金準備）

事業資金は、金融機関から借り入れる方法もありますが、必要金額に対する一定の割合で自己資金を用意できることが融資条件となるケースがほとんどです。

初めての起業なら、可能なかぎり、自己資金で賄いたいものです。

私の資金力

〔資産〕	
預貯金	万円
各種積立金	万円
株券・有価証券	万円
保険・共済金	万円
退職金	万円
その他	万円
資産合計 ①	万円

〔負債〕	
各種ローン	万円
その他	万円
負債合計 ②	万円

〔生活費等〕	
生活費（半年以上）	万円
緊急時の費用	万円
その他	万円
生活費等合計 ③	万円

〔資金調達〕	
借入れ	万円
補助金・助成金・寄附金など	万円
資金調達合計 ④	万円

起業に使える資金＝
①－②－③＋④

万円

おおまかな予算の立て方

事業に必要な費用について、おおまかな金額と簡単な内訳を書き出します。まだ、プランの段階ですので、「○○費」といった正確な仕訳は不要です。

見当がつかないものは、先輩起業家に話を聞いたり、インターネットなどで相場を調べ、「こういう費用がかかるかも…」と思いつくまま列挙してみましょう。

予算例

	金　額	内　訳（※事業で使う割合）
通信費	78,000円	携帯代　6,000円／月×50%（※）×12か月 固定電話　4,000円／月×50%（※）×12か月 プロバイダー代 3,000円／月×50%（※）×12か月
研修費	80,000円	研修参加費用　20,000円×4回／年
資料・教材費	312,000円	書籍（自分の勉強用）　50,000円／年 書籍（生徒閲覧用）　20,000円／年 新聞・雑誌（待機保護者閲覧用） 3,500円／月×12か月 教材　200,000円
備品代	（教室用）150,000円 （消耗品）50,000円	パソコン100,000円　机・椅子　50,000円 コピー用紙・文具ほか　50,000円
水道光熱費	24,000円	電気代　10,000円／月×12か月×15% 水道代　10,000円／2か月×6回×10%
旅費交通費	30,000円	2,500円／月×12か月
確定申告費	30,000円	
税金 （租税公課）	36,700円	固定資産税（自宅兼事務所） 180,000円×16%＝28,800円 自動車税　39,500円／年×20%（※）＝7,900円
広告宣伝費	180,000円	Web作成 100,000円　名刺 20,000円 チラシ 50,000円　看板 10,000円
合　計	970,700円	

事業に必要な費用を書き出してみましょう（資金プラン）

事業を始めるための費用（開業資金）と、事業を続けるための費用（運転資金）を思いつくまま書き出してみましょう（次ページにワークシートがあります）。

起業する前に、どのくらいの費用がかかるかを把握しておくことが大切です。

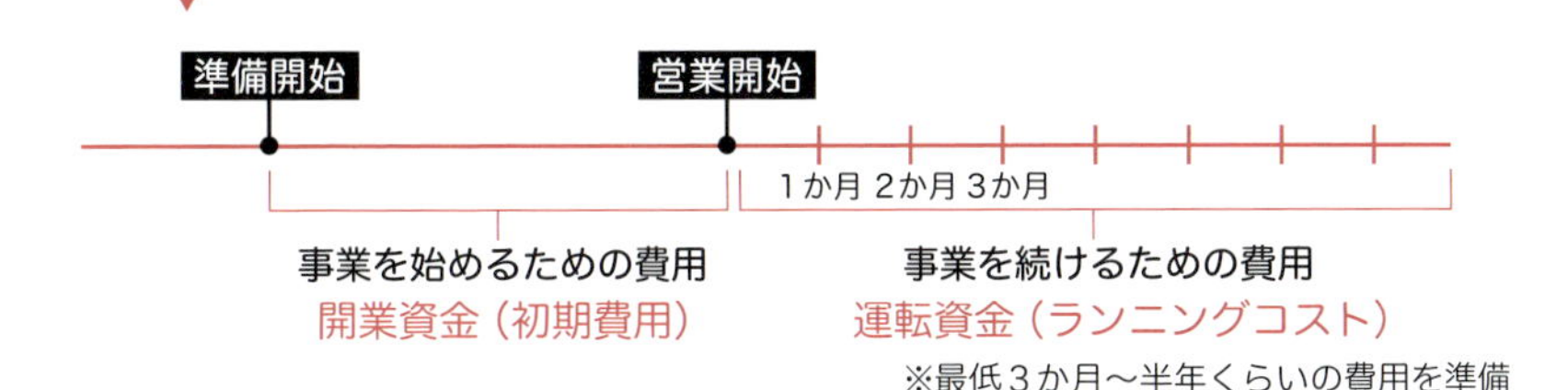

開業資金

パソコンなど設備機器や備品の購入費用、広告・宣伝費用、さらに商品などの仕入れ費用などがあります。事務所や店舗を借りる場合は、その準備費用も必要です。

自分ひとりで生計を立てている人は、収入を得るまでの生活費などが必要ですし、借入金などがあれば、その返済分も見込んでおかなくてはなりません。事業に資金を投入しすぎて生活や返済ができなくならないよう注意しましょう。

運転資金

自分の収入を含めた人件費、事務所や店舗の維持・修繕費、商品などの仕入れ費用、交通費や通信費などの経費などがあります。

事業を続けるためには、お金が出ていきますが、起業してすぐに事業が軌道に乗る（出ていくお金を上回るだけお金が入ってくる）わけではありません。収入を得られるまでの期間が長いほど、運転資金を多く用意しておく必要があります。事業の内容によっても違いますが、少なくとも3か月以上は見込んでおいたほうがよいでしょう。

とくに、運転資金のうち、売上の状況にかかわらず、一定額を定期的に支払わなければならない費用（人件費や家賃など）を「固定費」といいます。これが支出全体に占める割合が高いほど経営が苦しくなるので、できるだけ押さえたいところです。

Work

事業を始めるための費用（開業資金）

分類	内容	予想金額	修正金額
什器備品	パソコン		
	パソコン周辺機器		
	パソコンソフト		
	電話・ＦＡＸ・複合機		
	デスク・椅子		
	棚・キャビネット		
	小計		
広告宣伝・販売促進	名刺		
	チラシ、DM、ショップカード		
	看板		
	ホームページ作成		
	ネットショップ開設		
	小計		
仕入れ	商品・原材料		
	小計		
店舗・事務所	礼金・敷金・保証金等		
	家賃（　）か月分		
	仲介手数料（　　）		
	小計		
内外装工事	（　　　　）工事		
	小計		
その他			
合計			

Work

事業を続けるための費用（運転資金）

		1か月目	2か月目	3か月目
仕入れ	商品・原材料			
販売費・一般管理費	通信費（電話、インターネット）			
	家賃・リース料			
	保険料			
	水道光熱費（電話・ガス・水道）			
	旅費・交通費			
	ガソリン代			
	消耗品費・事務用品費			
	広告宣伝・販売促進（チラシ、DM、ショップカードなど）			
人件費	自分の給料			
	（従業員の給料）			
各月合計				
3か月合計				

STEP 3

夢の実現に向けて動き出す

開業準備の進め方

やりたいこと（事業プラン）がまとまり、資金のめども立ったら、いよいよ事業を具体化していく準備に入ります。「さあ、開業！」と思ったとたん、「会社をつくるなら、税務署とか手続きが必要でしょ？」「お店の内装は、知り合いに頼もうと思ってるんだけど…」「名刺やチラシはどこでつくってもらおうかな？」などと連想した人もいるかもしれませんが、いやいや、ちょっと待ってください。行動を起こす前に、開業までのおおまかな日程を把握しておく必要があります。

まずは、自分の事業に何が必要なのか＝「やるべきこと」を書き出し、次に効率よく準備を進めるために「実行する順序」を整理してみましょう。

ただし、「やるべきこと」「実行する順序」は、業種や人によって異なります。何かをつくって売るのなら、そのための技術やノウハウを習得するだけでなく、関連資格や許認可を得ておく必要があるかもしれません。経験のない分野に挑戦するなら、取引先など人脈づくりも一から始めなくてはならないでしょう。また、事業を行なうのは自宅でしょうか？　それとも賃貸物件で探しますか？　働く場所を確保して、設備や什器・備品をそろえるなど環境づくりも必要です。

どうですか？　あなたの夢を実現するには、まだまだやることがありそうですよね。初めての起業ならわからないことも多く、その分、手続きに時間がかかるかもしれません。また、どんなに綿密なプランを立てても、予期しなかったトラブルが起きたり、思いどおりにいかないことはあるものです。

開業してから「知らなかった」「やっておけばよかった」と後悔しないで済むよう、STEP3では、専門家のアドバイスも交えながら、準備を進める際のポイントをみていきます。

POINT

**「想定外」が多いほど
トラブルは起きやすいもの。
さまざまなリスクに対し、
準備をしっかり行なうことが、
成功への近道です。**

❶スケジュール

開業までの段取りを考えてみましょう

ゴールを先に決めるか、準備しながら考えるか

同じ仕事でも、人によって取り組み方や考え方が異なるように、スケジュールの立て方も「こうしなければならない」というものがあるわけではありません。

資格を取得したり、金融機関の融資を受けるなど、ある程度、計画的に動かなければならないケースはありますが、大きく次の2つのパターンに集約されます。

〈Aパターン〉開業日を先に決めてから、それに合わせて準備を始める

〈Bパターン〉できることから準備を始め、めどが立ったら開業日を決める

A、Bどちらのパターンでもかまいませんが、最初は、左ページの**図表**のように、開業までに「やるべきこと」を書き出し、ざっくりとしたスケジュールを立ててみてください。準備を進めるなかで、新たな「やるべきこと」も出てくるはずです。

そのうえで、「やるべきこと」に優先順位をつけて、1〜3年のスパンで具体的な日程に落とし込んでみましょう（106ページ）。

Work 開業までの「やるべきこと」リスト

開業準備	必要or不要	具体的にすること	いつやるか
技術・資格取得など	必要　不要		
各種申請・許認可	必要　不要		
商標調査・商標登録	必要　不要		
資金調達	必要　不要		
働く場所の確保	必要		
商品化	必要　不要		
価格設定	必要		
ニーズ調査	必要		
情報発信・発注	必要　不要		
法人化	必要　不要		
個人事業主「開業届」	必要　不要		
その他			
将来の目標	年後	こうなっていたい！	

大切なのは、**定期的なスケジュール管理**です。

予定を立てて実行しなければ絵に描いた餅。普段使っているスマホのアプリや手帳などに転記し、こまめに進捗を確認することも必要です。

一つひとつ丁寧に実行しながら、うまくいかないことがあれば、柔軟に計画を見直しましょう。

次ページでは、先輩起業家たちの開業までの道のりを紹介します。スケジュールを考えるときの参考にしてみてください。

◆先輩起業家たちの開業までの道のり

	起業までにしたこと			開業後	後に続く人にひとこと
	3年前	2年前	1年前		
	・お店をDIYで改装 ・パティシエ（師匠）のところで修業	・週末を利用してお店の改装と旅 ・パティシエのところで修業	菓子製造許可を取得して、イベント出店を始めた。引き続き、店舗づくり。経営スクールに通い、経営のことを勉強した	SNS、ブログの効果で、1年目は10誌以上の雑誌に掲載。3年ほど経ったところでHPを立ち上げ、主催イベントを年に数回実施した	資金があれば、誰でも開業できるが、続けることはむずかしい。3年、5年残る店舗は3割以下と言われているので、しっかりと準備ができた段階でOPENを
	イギリス人講師に英会話を習っていた（1週間に1回35分間、4年ぐらい）	（看護師として）転職も考えたが、退職の半年ぐらい前に開業を決意	開業届提出。実父にチラシをつくってもらったりした。ニュージーランド人を雇って7畳一間でスタート	6,000件ポスティングして78人集客（うち11人は知り合い）。3か月で移転を決意し、その後、利用者は100人に。1年後には黒字化した	・熱意があれば道は拓ける ・考えるよりも行動しろ！ ・石橋をたたいてチャンスを逃さない ・やりながら改善したらいい
	師匠の紹介である店舗の一角を借り、つくったお菓子を不定期で販売し、経験を積む	お菓子づくりの勉強を続ける	店頭販売、受注生産、通信販売など、どんな業態にするか考えながら物件を探す。仕事は辞めていた	2月に開業し、1年目の夏は本当に苦しい状況だった。初めて単月黒字になったのは、開業から10か月後だった	やりたいこと1つに対して苦しいことは10個くらいある。やりたいことをがんばって輝く人が1人でも増えてほしい
	美容関連グッズの企画会社に勤務		・開業4か月前に前職は退職 ・創業塾に参加し、終了約1か月後に創業を決意	・黒字化したのは3年目。その間は勤務時代の貯金と借入金を活用 ・商品の見直しや人的営業などをコツコツ続けた	創業前にお金、人脈づくりはしておくこと。私は、前職でつながりがあった人に独立の挨拶をした
	・アロマとハーブの資格取得 ・ブログは継続、チラシも置かせてもらったりしていた	・上質なハーブに出会った ・仕入れ契約締結 ・（任期満了につき）勤め先を退職	・オンラインショップ立ち上げ（自力で） ・起業支援セミナー受講 ・開業届提出	・シェアオフィスに事務所を構えた ・卸販売開始（ネットから問い合わせ）、企業の福利厚生セミナー開催（お客様の紹介）	しかるべきところに相談してみることで動き出せる。10万円稼ぐのもけっこうたいへん！　仕事は自分でつくること
			行政機関の女性起業家サロン（ビギナーズコース）へ。「手づくりコスメ」が自分の強みであると知る	子どもが幼稚園に入園したタイミングで開業届提出。知人に材料費のみで教えるなど修業も兼ねてスタート後、一般社団法人設立	悩むよりやってみよう！ やってみてダメなら、そこから学ぶこともある！

	業　種	起業のきっかけ	起業前の業種（職種）	
未経験から	飲食店（開業時：30代前半）	親族所有の一軒家の一部が空き、何かに使おうと思い、世界を旅して出会った雑貨や食べもの、お菓子を提供するお店を開業	・旅行会社勤務 ・ホテル勤務	
	英会話教室（開業時：41歳）	大人になってから始めた英会話で世界が広がった。自分の子どもにも、と思ったがいい教室がなかった。実は留学したかったが、2人の子どもを抱えていたので、せめて英語に触れる機会をつくりたかった	・看護師	
	洋菓子店（開業時：40歳）	勤務先のカフェでケーキをつくることになり、本格的に勉強していくうちに考え始めた	・専業主婦（その前は食品製造などのパートタイム）	
会社員から（同業種）	美容関連グッズ企画・販売（開業時：35歳）	退職した後、家族に自分でやってみたらとすすめられたから	・美容関連グッズ企画	
趣味から	ハーブティー・アロマ販売・講師（開業時：50歳）	子どもが独立し、趣味のハーブティーとアロマで起業したくなったから	・団体職員 ・講師活動は十数年前から継続	
	手づくりコスメ教室（開業時：29歳）	起業に関することを勉強しておけば、再び働き始めたときに役に立つかも？…と勉強するうち、自分でもできそうな気がしたから	・専業主婦（その前は会社員）	

開業までのスケジュールを立ててみましょう

	1年前					開業目標
	9～7か月前	6～4か月前	3か月前	2か月前	1か月前	
	提供メニューなどを考えて人にアドバイスをもらう		保険加入検討 ← 簿記の勉強	→		20○○年 3月
	← 継続して貯金 →					
	保健所で必要な手続きを確認				開業届提出 営業許可申請 →許可	
			リフォーム	パソコンなどを購入	原材料の発注	
			スマホでブログとSNSを開始	試食会実施	チラシ作成	

	1年前					開業目標
	9～7か月前	6～4か月前	3か月前	2か月前	1か月前	
						年 月

Work

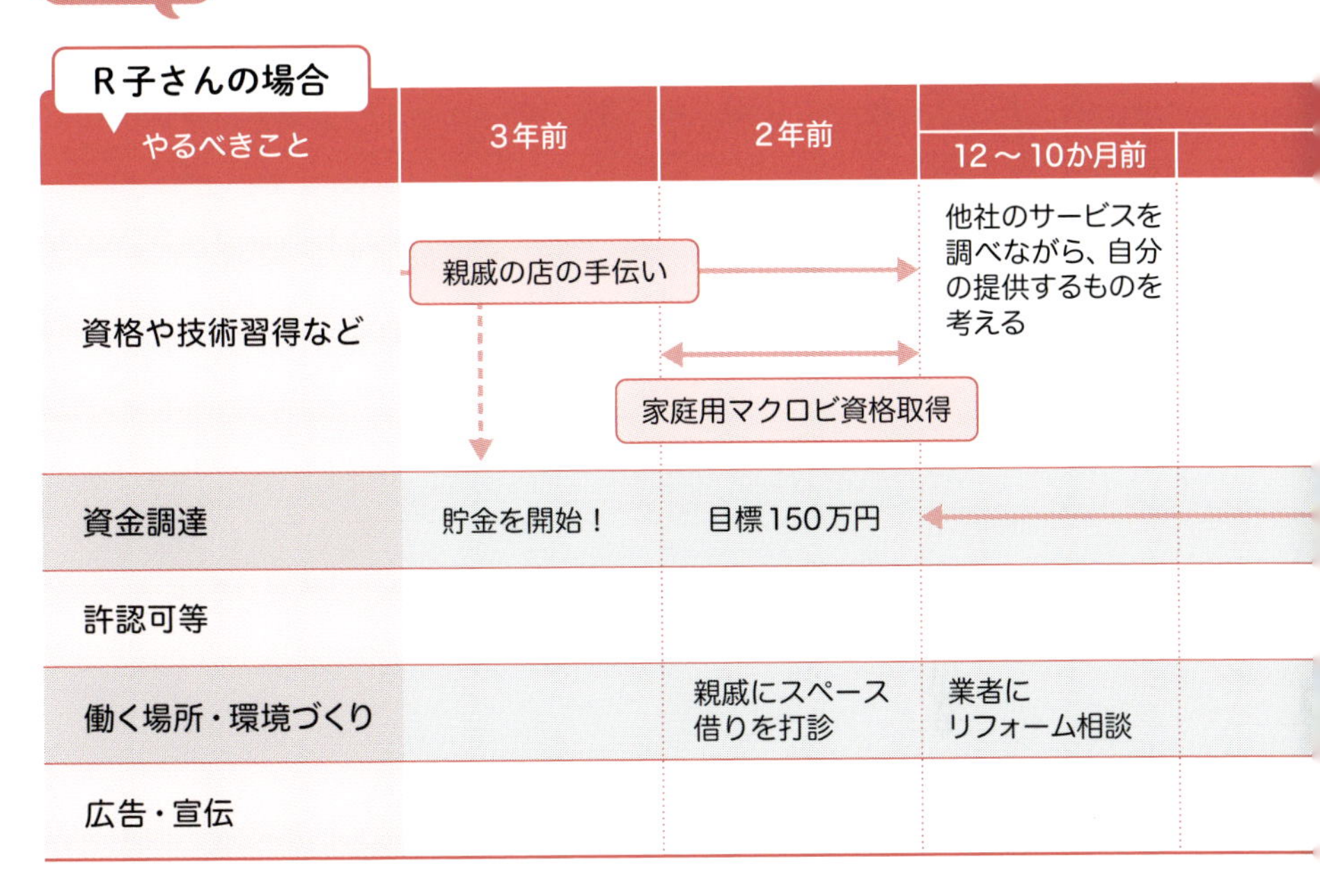

R子さんの場合

やるべきこと	3年前	2年前	12～10か月前	
資格や技術習得など	親戚の店の手伝い	家庭用マクロビ資格取得	他社のサービスを調べながら、自分の提供するものを考える	
資金調達	貯金を開始！	目標150万円		
許認可等				
働く場所・環境づくり		親戚にスペース借りを打診	業者にリフォーム相談	
広告・宣伝				

私の場合

やるべきこと	3年前	2年前	12～10か月前	

＊その他、確認事項

❷価格設定

あなたの商品やサービスはいくらですか？

価格を決める前に「相場（そうば）」を知る

あなたが販売する商品やサービス、いくらで売っていこうと考えていますか？

業種や分野が違っても、多くの人が頭を悩ませる問題です。

特別な価値や独自サービスを提供できるなら、あまり気にする必要はありませんが、相場がわかれば、**自分が設定した価格が適正かどうかを判断**することができます。

相場とは、市場（マーケット）の状況によって決まる値段のこと。あなたが参入しようとしている業界の相場をつかむには、次のような方法があります。

他社の価格を調べる……他社の価格には、何かしら「その設定にした意味」があります。「自分の提供する商品やサービスを利用してほしい人」が、現在利用している他社の価格を参考にしましょう。たとえば、美容業の場合は10分1000円が相場です。とくに、同じ地域で営業している同業他社については必ず把握してください。お客様は比較して選ぶものです。実際に自分でサービスを利用してみるのも1つの方法です。

このほか、価格を決める際は、次のようなことも検討してみましょう。

原価率を意識する……自分の起業する分野での原価率の相場を知ることも重要です。たとえば、飲食の場合、売上10のうち、「原価3、人件費3、その他3、利益1」と言われています。

販売方法との兼ね合い……モノをつくって売る場合、「どうやって売るか」でも価格設定は異なります。たとえば、誰かに販売してもらうなら、その相手にも利益が必要です。一般に、最終価格の3割から5割の金額で卸売りすることが多いようです。

客数が安定するまでは低価格で……サービス業などでとくに原価がかからないなら、客数が安定するまでは、「初回限定」「期間限定」など、最初は競合より安めの価格設定にし、徐々に値上げするのも1つの方法です。ただし、価格改定の際には、何らかの工夫をしないと失客する可能性があることも覚悟しておく必要があります。

「安い＝たくさん売れる＝儲かる」という図式が成り立つなら、とっくにみんながやってますよね。安易に「安さ」を売りにすることは経営を苦しくするだけです。なるべく避けましょう。次ページに先輩起業家たちの「価格設定」にまつわる事例をまとめました。参考にしてみてください。

◆私はこうして「価格」を決めました！

業種	美容室	価格例	カット1,000円
●価格の決め方 「多くの方に気軽に通ってほしい」との思いから、カットは1,000円に設定。カラーなどトータルにみて利益が残ればいいと思っていた		●失敗した…と思ったこと・改善したこと 安すぎて逆にお客様に気を遣わせた（通いづらい）ようなので2,000円に値上げした	

業種	講師業	価格例	50,000円〜（半日）
●価格の決め方 仕入れの発生するものではないので、当初は1万円から始めた。値上げにあたっては、ほかの講師業の方の金額なども参考にしている		●失敗した…と思ったこと・改善したこと 講師たるもの高い金額でなければありがたがられないと思っていた時期もあるが、実績を重ねながら徐々に上げていくという方針で、いまはこの価格に落ち着いた	

業種	製造業	価格例	3,000円/個
●価格の決め方 オリジナル化粧品の販売。1個あたりのコストが1,500円なので、販売価格は1,500円の儲けがあればいいかな、と思って決めた		●失敗した…と思ったこと・改善したこと 自力ではなかなか売れず、ドラッグストアに営業に行ったが、掛け率（こちらから納入する価格）が販売価格の30%で赤字になるため、取引しなかった。直販と卸し（誰かに売ってもらう）では、価格設定が異なることを知らなかった	

業種	セラピスト	価格例	35,000円/4時間
●価格の決め方 最初は客数が伸び悩み、焦って値下げしてしまった。その後、徐々に値上げしていった		●失敗した…と思ったこと・改善したこと 値下げしても、客数も売上も増えなかった。停滞する時期は、提供するものを変えたり、自分の勉強をする時間だと、あとから気づいた	

業種	英会話教室	価格例	5,000円/1か月（幼児・小学生）
●価格の決め方 他店を全部リサーチし、オープン時価格は、1分あたりの金額をかなり安めに設定した（地域最安値）		●失敗した…と思ったこと・改善したこと 価格は急に上げられないし、後発なので、付加価値をつけてから価格改定を行なった	

業種	家庭療育プログラム提供	価格例	6か月コース84,240円（1か月あたり14,040円）
●価格の決め方 他社の個別相談料を参考に付加価値分（家庭療育＝言葉が遅い子の育て方）を上乗せ。継続で効果が出るものなので、自分が月々払える金額で設定した		●失敗した…と思ったこと・改善したこと 顧客が増え、実績ができてから、付加サービスを見直した。お客様も自分も手間がかかるだけであまり有効ではない部分をカットした	

業種	手づくりコスメ教室	価格例	体験コース（1種類作成）3,240円
●価格の決め方 ネットで他社の動向を調べ、付加価値分（カウンセリング・容器や基材の種類）を上乗せした価格に設定		●失敗した…と思ったこと・改善したこと 体験コースを値上げしたところ、利用者が減少。初めから高いところにはなかなか行けないのだと値段をもとに戻した。自分のスキルがアップした後に値上げを再度したところ、予約は減っても総売上はアップした	

業種	住宅図面の3D化	価格例	LDKパック97,200円～
●価格の決め方 自分の1日当たりの日当を設定し、作成にかかるおおよその時間から価格を設定 ※LDKパック＝リビング、ダイニング、キッチンを3Dでわかりやすく視覚化するパック		●失敗した…と思ったこと・改善したこと つくって納品して完成ではなく、つくって「修正して」納品して完成であり、修正が長引いた場合の追加料金の設定などができていなかった。イレギュラーな（初めてのケースの）仕事も多く、いまも価格設定に関しては試行錯誤中	

業種	洋菓子店	価格例	ケーキ350円～
●価格の決め方 原材料費を元に計算 		●失敗した…と思ったこと・改善したこと 開店して1～2年は「買ってもらえなかったらどうしよう」という不安が強く、希望価格より低めに設定してしまった。買ってもらえなければ困るが、利益が出ないのはもっと困る。自分の技術を安売りしてはいけないと学んだ	

③働く場所

事業に必要なスペースを確保できますか？

メリット・デメリットを比較してみる

次に考えるのは「働く場所」すなわち「事業をする場所」です。自宅にするのか、賃貸にするのか。最近は、シェアオフィスやコワーキングスペース、創業支援（インキュベーション）施設なんていう選択肢もありますよね。

事業をする場所に関しては、どんな選択をしても、必ずメリットとデメリットがあります。たとえば、自宅の一角を活用する場合、「家賃が発生しない」というメリットはありますが、家族が気を遣ったり、車での来訪が増えれば、近隣に迷惑をかけるといったことも考えられます。

「どの選択が、自分と家族、そしてお客様にとってメリットとなるか？」を考えて「事業をする場所」を決めましょう。

ここでは、先輩起業家たちの声を紹介します。ただし、あくまで個人の受け止め方ですので、必ずしも同じ結果になるとはかぎりません。どうぞご参考まで。

Case 1 自宅で開業した場合

【メリット】

- 固定費がかからないので、起業のハードルが下がり、ほかのことにお金が使える。
- 空いた時間に家事ができる。
- プライベート空間にお招きするので生徒さんと親密になれた。
- 子どもに働いている姿を見せられる。開業時2歳だった子が、少し大きくなってお手伝いもしてくれている。「働く」ということを教えられるという効果もある。
- 移動時間が必要ないので、時間の節約になる。

【デメリット】

- 事業専用スペースなどがあればよいが、住居スペースの一角で始めたため、とくに、子どもにはストレスをかけてしまった。
- 生徒たちは車での送り迎えが多く、駐車場や騒音の問題も発生した。
- プライベートと仕事を切り離しにくい。子どもが寝た後にたまった事務作業をこなしたり、問い合わせメールが届くと対応したりとダラダラ作業をしがちになる。
- 教室がある日は、夫や家族に外出してもらうなど負担をかけてしまっている。
- 失敗したときに、その地域に居づらくなる。

Case 2

賃貸物件で開業した場合

【メリット】

- 駅前や立地のよい場所など、好きな場所で開業できた。
- 改装などしなくてもすでに店舗仕様になっていたので、安く済んだ。
- 家族に気を遣わなくて済む。
- オン（仕事）とオフ（プライベート）の切り替えができる。
- 通販に必要な販売者の住所として記載できる。

【デメリット】

- 固定費が増え、移動のための時間や交通費もかかるようになった。
- 赤字でも家賃はかかる。ランニングコストは意外と痛かった。
- ひとり起業なので、セキュリティの面で不安があった。

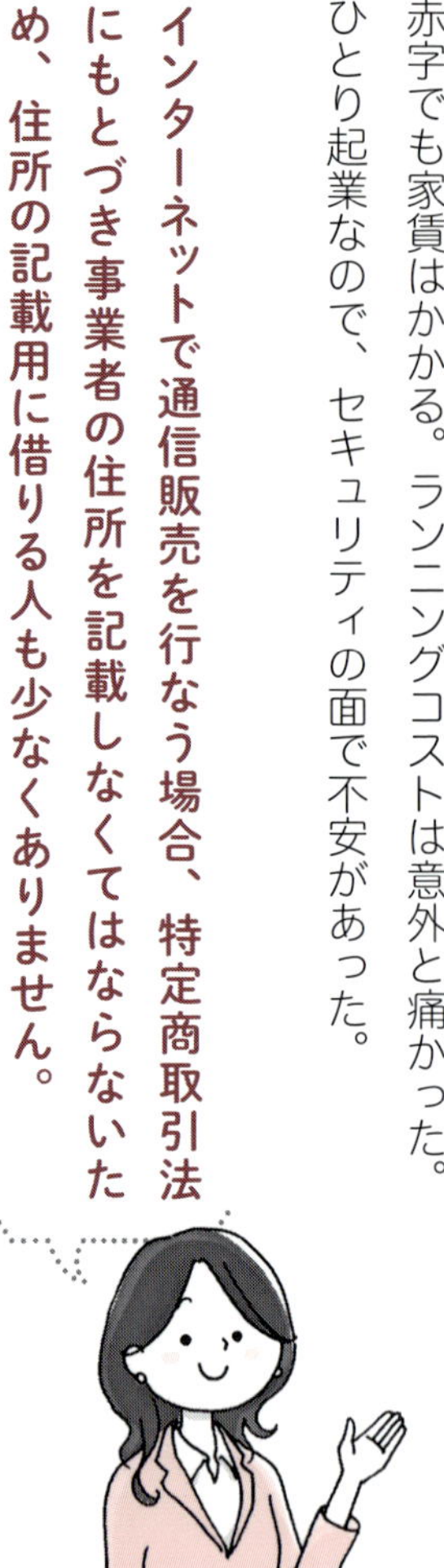

インターネットで通信販売を行なう場合、特定商取引法にもとづき事業者の住所を記載しなくてはならないため、住所の記載用に借りる人も少なくありません。

Case 3 シェアオフィスを活用した場合

【メリット】

- アクセスのよい場所で、地域の相場より安い価格で借りられたので助かった。
- 専門家による起業支援を受けられるのは、心強い。
- デスクなどが備え付けなので、開業時や当面のランニングコストを抑えられた。
- 登記ができるうえ、郵便物の受け取りなど雑務をオフィス側がやってくれる。
- セキュリティがしっかりしているので、女性ひとりでも安心。
- 同じ起業ステージの人どうし、経験を分かち合える。他者の活躍が刺激になっている。
- お客様を紹介し合ったり、仕事上のつながりができた。
- 会議スペースもあるので、顧客を招いての打ち合わせが可能になった。

【デメリット】

- 入居期間が決められていたので、引っ越しが必要だった。
- 意外と、固定費が増えた。
- 個室でないと仕事に集中できない。人の話し声や雑音が気になることがある。
- 共有の無線LANだったので、作業スピードが下がり、セキュリティも不安だった。
- 人の出入りがあるので、データや資料の管理にとても気を遣った。

※シェアオフィスの形態はさまざまで、個室からオープンスペースまで、いろいろなタイプがあります。利用に際しては、入居条件やサービス内容をよく確認しましょう。

❹手続き1

事業を始めるには「届出」が必要です

「起業したい」と思ったときに、ネックになることの1つが「役所などへの届出手続き」ではないでしょうか。

学校でも会社でも習わないのでわからないですよね。でも、くわしく説明するとおそろしく時間がかかるので、この本ではさらっと概要だけ説明しておきます。

個人事業主の手続きはとても簡単!

事業を始める場合、まず「会社をつくらなければ…」と思う人も多いかもしれませんが、「個人事業主になる」という選択もあります。

個人事業主とは「株式会社等の法人を設立せずに事業を行なっている人のこと」。手続きはとても簡単です。**事業を開始した日から1か月以内に所轄の「税務署」へ「開業届出書」**を1枚提出するだけ。数分あれば、その場で書いて完了です。女性の場合、約70%程度が個人事業主としての開業とも言われており、とても一般的な開業方法です。

◆個人事業の開業・廃業等届出書（記載例）

手数料不要・郵送OK

「開業」に○印

自宅での仕事の際はここをチェック

税務署受付印

個人事業の開業・廃業等届出書

所轄の税務署

○○ 税務署長

○○年 ○○月 ○○日提出

1か月以内に提出

納税地	○住所地・○居所地・☑事業所等（該当するものを選択してください。） （〒 000 － 0000 ） ○○県××市△△1－2－3 （TEL 0000－ 00 －0000）
上記以外の住所地・事業所等	納税地以外に住所地・事業所等がある場合は記載します。 （〒 000 － 0000 ） ○○県××市□□□3－4－5 （TEL 0000－ 00 －0000）
フリガナ	エヌノ　アールコ
氏名	N野　R子　㊞
生年月日	○大正 ☑昭和 ○平成　00年00月00日生
個人番号	（あなたのマイナンバーを記入）
職業	料理店業
フリガナ	オデカケ　ママ
屋号	odekake・ママ

業種によって個人事業税の税率が異なる（通常5%）

決まっていなければ未記入でもOK

個人事業の開廃業等について次のとおり届けます。

届出の区分（該当する文字を○で囲んでください。）	（開業）（事業の引継ぎを受けた場合は、受けた先の住所・氏名を記載します。） 住所＿＿＿＿ 氏名＿＿＿＿ 事務所・事業所の（○新設・○増設・○移転・○廃止） 廃業（事由） （事業の引継ぎ（譲渡）による場合は、引き継いだ（譲渡した）先の住所・氏名を記載します。） 住所＿＿＿＿ 氏名＿＿＿＿
所得の種類	○不動産所得・○山林所得・○（事業（農業）所得）〔廃業の場合……○全部・○一部（　　）〕
開業・廃業等日	開業や廃業、事務所・事業所の新増設等のあった日　平成○○年○○月○○日
事業所等を新増設、移転、廃止した場合	新増設、移転後の所在地　（電話） 移転・廃止前の所在地
廃業の事由が法人の設立に伴うものである場合	設立法人名　代表者名 法人納税地　設立登記　平成　年　月　日
開業・廃業に伴う届出書の提出の有無	「青色申告承認申請書」又は「青色申告の取りやめ届出書」　☑有・○無 消費税に関する「課税事業者選択届出書」又は「事業廃止届出書」　○有・☑無
事業の概要（できるだけ具体的に記載します。）	料理教室と宅配弁当、調味料等の小売

初めての開業の場合は不要

青色申告を行なう場合はチェック

給与等の支払の状況 区分	従事員数	給与の定め方	税額の有無	その他
専従者	人		○有・○無	
使用人			○有・○無	
			○有・○無	
計				

源泉所得税の納期の特例の承認に関する申請書の提出の有無	○有・○無	給与支払を開始する年月日	平成　年　月　日

家族従業員（専従者）や家族以外の従業員（使用人）に給与を支払う場合は記入

※廃業したり、事務所等を移転・廃止する際も同様の手続きが必要です。なお、書式は都道府県ごとに異なり、改訂される場合がありますので、事前に確認してください。

国税庁ホームページ「個人事業の開業・廃業届出書」
https://www.nta.go.jp/taxes/tetsuzuki/shinsei/annai/shinkoku/pdf/h28/05.pdf

開業・設立には、２つの形態があります！

個人事業主としての開業だけど、法人化についても知っておきたいの

「法人」の場合

＊法律のもと、新しく「法人（＝会社）」をつくることになるので、「どこに拠点を置いて、何をするのか」など役所に届け出なくてはならない
＊面倒な手続きが必要な分、少しハードルが高いが、社会的な信用も高い
＊取引相手によっては、法人化しないと契約できないことがある
＊税法上は、事業所得が500万円を超えたあたりで法人化のメリットが出てくる

開業・設立に必要な手続き

「法人設立登記」 ……▶ 申請先：設立会社の本店所在地を管轄する法務局
※登記には、社名・商店名等を入れた会社実印（代表者印）が必要

「法人設立届出書」（登記から２か月以内）
……▶ 届出先：所轄の税務署／県税事務所の法人事業税課／市町村の法人住民税担当部署

	法人
	定款作成・登記が必要（約6万～25万円）
	解散登記、公告等が必要（数万円）
	高い（取引相手によっては「法人」が必須条件）
	法人決算書・確定申告（税理士が必要な場合が多い）
	経費の範囲が広い（経営者の給与等） ただし、赤字でも法人税の均等割７万円※必要
	9年
	全額経費
	あり

※東京都の場合（自治体により異なる）

「個人事業主」の場合

＊個人の情報はもともと戸籍・住民登録などで把握されているため、開業届を出すだけでよい

＊手続きが簡単な分、誰でも開業できてしまうので、社会的な信用は低い

開業・設立に必要な手続き

「開業届」……▶ 届出先：所轄の税務署

※個人事業税は都道府県税に該当するため、県税事務所への届出も必要

所得税の「青色申告承認申請書」……▶ 届出先：所轄の税務署

※節税につながる特典がある。確定申告を「白色申告」にする場合は不要

「個人事業主」と「法人」を比較すると…

	個人事業主
開業・設立手続き	開業届を出す（0円）
事業の廃止	廃業届を出す
社会的信用度	低い
会計・経理	個人の確定申告
税金・経費	経費の範囲が狭い
赤字の繰越	3年（青色申告の場合）
生命保険	所得控除
社会保険の会社負担分（従業員分含む）	なし（5人未満の場合）

教えて！先生
プチQ&A
（回答：税理士）

さだみ先生

「開業届を出して確定申告をしなかったら怒られますか？」

開業しても納税するほどお金を稼げない人もいるので、開業届を出す＝必ず確定申告をしないといけない、というわけではありません。ただ、納税義務があるほど稼いでいるのに確定申告をしないのは「脱税」です。

「開業届を出し忘れていました！」

基本は、事業の開始等の事実があった日から1か月以内ですが、いますぐ出しましょう。個人事業主の場合、税金の計算は「1月1日から12月31日まで」なので、仮に開業届の提出が4月だったとしても、さかのぼって2月3月の売上を集計して確定申告してください。

「開業届を出す前にホームページ作成を依頼しました。これも経費になりますか？」

経費になります。開業のために必要なお金であれば「開業費」として処理できます。

「資本金っていくら必要なの？」

株式会社の場合、資本金1円から設立が可能です。建設業や労働者派遣事業などは最低資本金の基準が定められていますが、ほとんどの業種は資本金の下限額などの決まりはありません。

「開業・設立」に関する疑問に答えます❶

「個人事業として始めて、
あとから法人化することは可能ですか？」

可能です。

「個人事業から法人化するのは
どのタイミング？」

以下のようなタイミングで法人化する例が多いようです。

①企業と取引するにあたり法人格が必要になったとき

②消費税の課税のタイミング：基本的に2年前の売上高が1,000万円超の場合、消費税を国に納める義務が生じます。仮に個人事業主として1,000万円超の売上があった場合も、そのタイミングで法人化すれば、法人として2年前の売上高は「0」の扱いとなり、消費税を国に納める義務はいったんなくなるため、このタイミングで法人化するケースもあります。
＊特例もあります

③事業所得が約500万円超になったら：個人にかかる「所得税」などの額＞法人にかかる「法人税」などの額となる場合も多いので、この程度の所得規模での法人化も多くみられます。

「個人事業主でも資本金って必要なの？」

不要です。

「資本金って使ってはいけない
（ストックしていないといけない）
お金なの？」

使っても大丈夫です（資本金で商品を仕入れたり人件費にしたり自由に使えます）。ただし事業に関することのみです。

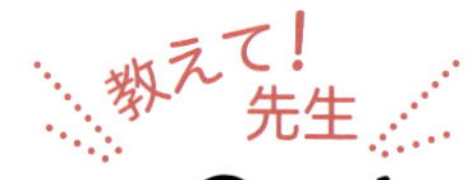

（回答：司法書士）

ゆり先生

「株式会社や合同会社、NPO法人などいろいろな法人があるけど、どれを選べばいいのですか？」

事業内容や設立の目的などによって、どの法人が最適かは異なります。信用力獲得のためなら株式会社、初期費用を抑えた法人化が目的なら合同会社、公共性のＰＲなら一般社団法人などを選択するケースがあります。

「1人で株式会社を設立する予定です。毎年『株主総会』が必要だと聞いたのですが…？」

自分１人で「株主総会」を開き、議事録を残せば大丈夫です。

「自宅を法人の“本店”として登記することはできるの？」

可能です。

「賃貸物件を法人の本店として登記することはできるの？」

可能ですが、賃貸借契約書に法人の登記の可否に関する記載がないか、大家さん（オーナー）に確認をとりましょう。

「本店は一度登記したら変更できないのでしょうか？」

本店移転登記にて変更可能です。登記申請書には、登録免許税として同一管轄内での移転の場合は３万円分の収入印紙を貼付する必要があります（管轄が異なるときは６万円になります）。

「開業・設立」に関する疑問に答えます❷

「事業を始めるには会社をつくらないといけないのでしょうか？」

事業を始めるとき、法人（会社）という形態で行なう場合には、設立の登記が必要です。個人事業主として事業を始める場合には登記の手続きは不要です。

「法人設立で気をつけることは？」

「何をする会社なのか？」を記す「定款」に記載されていないことはできません。数年先の活動を見越した定款を作成しましょう。

「法人化っていくらかかるの？」

（回答：税理士）

さだみ先生

法人の種類により金額は異なりますが、株式会社の場合、役場関係に支払う手数料や税金で約25万円程度です。これに印鑑代や専門家に仕事を依頼する場合はその費用などがかかってきます。

「法人を維持するのにお金がかかると聞いたことがあるのですが…」

法人は「人」なので「住民税（法人住民税）」がかかります。赤字であったとしても毎年7万円程度が課されます（金額は各自治体や資本金、従業員数により若干異なります）。個人事業主には法人住民税はかかりませんが、事業所得が290万円を超えると「個人事業税」が課せられます。

⑤手続き2

業種によっては「許可申請」なども必要です

事業を始める前に要チェック！

事業の内容によっては、官公署などへの「許可申請」や「各種届出」が必要な場合もあります。新規事業を始めるにあたっては忘れないようにしてください。

ここで紹介したのは、ほんの一例です。ほかにも、届出等が必要な場合がありますので、起業する前に自治体や行政書士などに確認するとよいでしょう。

私たちはどうすればいいの？

Point

M美さんは英語教室なので、許可申請などは不要です。R子さんのように食品をつくって販売する場合は、規模にかかわらず、食品の種類に応じた保健所の営業許可が必要です。必ず、施設の所在地を所管する保健所へ相談にいきましょう。

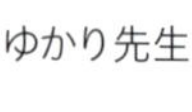

保健所関係

業 種	区 分	窓 口
飲食店、喫茶店	許可	保健所
食料品等の販売業	許可	保健所
菓子、惣菜製造業	許可	保健所
旅館業	許可	保健所
理容院・美容院	届出	保健所

届出後に、保健所による現地審査（確認）を受け、OKであれば「確認済証」が交付されます。

都道府県関係

業 種	区 分	窓 口
在宅介護サービス	指定	都道府県・市町村
保育所	認可	都道府県・市町村
旅行代理店（国内旅行）	登録	都道府県

盗まれたものの転売を防ぐなどの目的があるので、所轄の警察署長を経由して公安委員会に提出します。

警察関係

業 種	区 分	窓 口
リサイクルショップ	許可	警察署
アンティークショップ	許可	警察署
道路使用の各種営業	許可	警察署
深夜酒類提供飲食店	届出	警察署

（回答：行政書士）

ゆかり先生

「自宅で料理教室を開くのが夢です」

自宅のキッチンで「料理の仕方」を教えるのに必要な許可や資格はとくにありません。

「自動車で食品の移動販売を行ないたいのですが」

保健所の営業許可が必要になります。また、改造した移動販売車を走行させるためには、道路運送車両法にもとづき、車の登録・検査に合格しなければなりません。道路で移動販売を行なう場合は、管轄の警察署やその道路の管理者に使用許可を得る必要があります。

「お弁当を近くのオフィス街で
路上販売したいのですが」

道路使用許可が必要です。警察署が窓口となります。

「許可申請」に関する疑問に答えます

「自宅でつくったお菓子を販売してもいいですか？」

自宅のキッチンでつくったものはダメです。
菓子製造業の許可をとったキッチンでつくったものでないと販売できません。自宅であっても普段の食事をつくるキッチンとは別に専用キッチンがあるのなら大丈夫です（ただし、決められた設備が整っている必要があります）。食品衛生責任者の資格も必要です。

「エステサロンかネイルサロンを開きたいのですが、許可や資格は必要ですか？」

役所などでの許可も（法的に）必要な資格もとくにありません。ただし、提供するメニューによっては資格が必要となる場合もありますので、注意が必要です。

「ボランティア（無料）でメイクを行なうのですが資格は必要ですか？」

ボランティアであったとしても、まつげエクステや刃物を使った眉そりなどはしてはいけません。美容師の免許が必要です。

6 ネーミング

お店や会社の「名前」を決めましょう

お店や会社をつくるなら、何か名前が必要ですね。ここでいう名前とは、個人事業主の場合は**「屋号**（やごう）」、会社の場合は「**商号**（しょうごう）」といいます。

このうち、屋号は必ずつけなくてはならないわけではなく、個人名義で事業を行なうことも可能です。しかし屋号があれば、名刺やお店の呼び名、銀行口座の名義や領収書などの宛名も屋号にできますので、プライベートと区別しやすくなります。

あなたの思いを込めて自由に名づければよいのですが、流行り廃りに関係なく、「わかりやすい」「覚えやすい」「業務内容を連想しやすい」ものがよいでしょう。

ちなみに、屋号はあとから変更できますし、2種類以上をもつことも可能です。ただし、「○○法人」「○○会社」「株式会社○○」といった名称をつけることはできません。これらは、法人登記をした法人のみに使われるものだからです。

また、同じジャンルで商標登録された名前がないか、事前に「**特許情報プラットフォーム**」で確認してください。すでに登録された名前でも住所が違えば法人登記できますが、ジャンルが同じだと紛らわしいうえ、問題となる場合があるので得策ではないでしょう。

特許情報プラットフォーム（J-PlatPat）
https://www.j-platpat.inpit.go.jp/
※専門的な知識がないと、誤認や見落としなどが生じる場合があります。
正確を期すには、弁理士さんに相談しましょう。

ネーミング

せっかくの自分のお店や商品。
好きな名前をつけたいですよね。

ちょっと待った！

あなたのことを知らない人にも来てもらおうと思ったら、「覚えやすい」「業務内容を連想しやすい」ネーミングやキャッチコピーを。

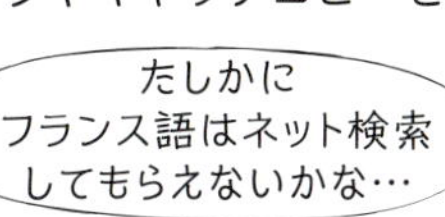

Point

名前をつけるにあたって「商標」というものを知っておいてください。すでに登録されている「商標」と「同じジャンル」で商売を始めると問題となる場合があります。なお、基本的に「耳で聞いて同じ」であれば「相手がカタカナ表記でこちらは漢字表記」であったとしても商標権の侵害とみなされることが多いですね。

商標
お店や商品の名前など。特許庁に商標登録を行なうことで登録される。

例）YAMAHA

商号
会社等の名前のこと。法務局に登記する。同一住所に同一の商号が登記されていなければ登記できる。

例）ヤマハ発動機株式会社

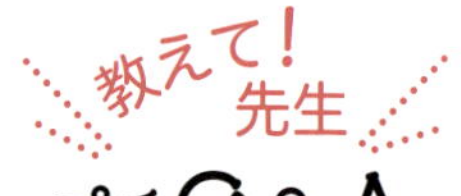

（回答：弁理士）

みほ先生

「商売を始める場合、
必ず商標登録が必要？」

商標登録をしないといけないという決まりはありません。

「私が使っている名称で
商標登録した人がいます！」

原則として、同じ商標を先に使用開始していたとしても考慮されず、先に出願したほうに権利が与えられます。

「自分が使いたいネーミングですでにお店を開いている人がいます。だけど商売をする地域が違うので問題ないですよね？」

相手がそのネーミングで商標登録を行なっていた場合は問題になり得ます。商標権が及ぶ範囲は「日本全国」です。知らない人から見たら他の地域の支店だと混同する恐れもありますよね。

「同じ名前の店を始めた人がいるんですが…」

あなたがその名称を商標登録していて、かつ相手方の商売内容（ジャンル）があなたが登録したものと同じであれば、相手に「やめてください」と言う権利があります。商標登録を行なっていなければ、基本的にそのような権利はありません。

「ネーミング」に関する疑問に答えます

「商号を法務局に登記したら商標としても登録されるの？」

されません。特許庁へ商標出願して商標登録を受けることが必要です。手続きには、国に支払う出願費用や登録料のほか、弁理士に依頼する場合は弁理士費用も必要です。

「知らずに商標登録されているネーミングなどを使用していた場合は罰せられるの？」

故意でなければ、警察などがあなたを罰することはありません。ただし、権利者が「やめてください」と言ってきた場合は、名称変更や損害賠償金の支払いをしなければならないケースもあります。争いがこじれると裁判になる場合もあり、「知らなかった」は通用しません。

「他人と同じ屋号や商品名は絶対使ってはいけませんか？」

相手が商標登録をしていなかったら問題になるケースは少ないですが、お客様や取引先の誤解を招くことはあるかもしれません。相手が商標登録を行なっている場合は「どのジャンルで」登録しているかで判断し、「同じジャンル」であれば、その名称の使用は避けることが望ましいです。

「自分が考えた作品。真似されたくない！」

デザインを登録して「意匠権」を得て保護する手法もあります。手続きには、国に支払う出願費用や毎年の登録料のほか、弁理士に依頼する場合にはその費用も必要です。また、発表後３年以内であれば、不正競争防止法で守ることができる場合もあります。

逆に自分の商品が「うっかり」他社のものと似ていて問題になるケースも少なくありません。大手メーカーなどはブランドを守っていくために多大な努力をしています。たとえ中小・零細であったとしても、自社のブランドイメージを損なう恐れのある商品には「待った」がかかります。

ネーミングやデザインを知的財産（知財）として登録して保護したり、他社の権利を侵害していないか調べるには費用も時間もかかります。

検討する基準としては「その名前やデザインを使用できない事態になると、たいへんなことになるかどうか」で考えるとわかりやすいでしょう。たとえば、どこかに卸している商品が販売できなくなると取引先にとても迷惑がかかりますし、飲食店などは店名の印刷された看板やお皿などをすべて入れ替え、かつ、クチコミサイトのページ削除を求められる場合もあります。

「自分の権利を保護する」だけではなく、「他人の権利を侵害していないか」を調べることが知財トラブルを防ぐ観点からはとても重要です！

みほ先生

ネーミングについて先輩方の事例を紹介します。
参考にしてください。

ネーミング 成功例

㈱トライフィット　**安藤摩里さん**

社名の「トライ」は「三」の意味です。近江商人の商売の心得「三方よし」からきていて、取引先、派遣人材、当社の「三方」にそれぞれ利益（プロフィット）があるように、との気持ちで名づけました。他の事業でもすべて「覚えやすい造語」にしています。たとえば、蜂屋町というところでやっている子育て支援カフェは「ハニーベイビーズ（honeybabees）」。babyに町名のbee（蜂）をひっかけました。造語には「ほかとかぶらない」というメリットがありますよ！

一般社団法人日本疲労メンテナンス協会　**時任春江さん**

看護師として25年間病院勤務したのち、命を守るはずの看護師さんたちが逆に命を削るほど疲弊している現状を何とかしたいと思い、疲労の測定、予防、回復をサポートする事業を立ち上げました。事業内容が伝わりやすいネーミングにしたので、ホームページからのお仕事の依頼も増えています。

ネーミング 後悔例

㈱シエル　**太田純子さん**

社名の「シエル」はフランス語で「空（ciel）」という意味です。言葉の響きもいいし、覚えやすい、ということで名づけましたが、他にも同じ名前の社名や商品名があって、「シエル」と検索しても当社のホームページにたどりついてもらえず…。もう少しオリジナリティのある名前でもよかったかなと思います。

「わかりやすく」て「覚えやすく」て、「たくさんありすぎる名前でなく」て、かつ「他人の権利を侵害していない」…ネーミングも奥が深いですね。

❼法律知識

事業主が知っておくべき「ルール」があります

お店を開業したり、会社をつくって人を雇うと、経営者（事業主）としていろいろな責務が生じます。事業活動は、法律にのっとって行なわなくてはならず、もし違反した場合は、損害賠償請求など民事上の責任を問われることもあります。

そんなふうに言われたら、不安になってしまうかもしれませんが、「知らなかった」では済まされないことも少なくないので、起業前にある程度は調べておきましょう。

とはいえ、会社や事業にまつわる法律はさまざまで、すべてを把握することはできません。ここでは、最低限押さえておきたいルールについてまとめておきます。

顧客情報の管理について

すべての事業者に**個人情報保護法**（個人情報の保護に関する法律）が適用されるようになりました。「個人情報」とは、生存する個人に関する情報で、「ある特定の人物」のものだとわかるものをいいます。

この個人情報保護法で定められたルールは、おおむね以下のとおりです。

1　個人情報を取得するときは、何に使うのか目的を本人に伝える

※あらかじめ、ホームページや店頭で掲示しておく方法でもＯＫです。

2　取得した個人情報は、決めた目的以外には使用しない

※決めた目的以外に使いたい場合、あらかじめ本人の同意を得ればＯＫです。

3　取得した個人情報は安全に管理する

※データで管理する場合はパソコンのウイルス対策を万全にしたり、紙なら金庫などに保管するほか、個人情報に関する社員教育の徹底も必要です。

4　個人情報を他人に渡すときは、あらかじめ本人の同意を得る

※法令にもとづく場合など、同意が不要な場合もあります。

5　本人から個人情報の開示請求をされたら応じる

※開示のほか、個人情報の訂正を求められた場合にも対応しなければなりません。

Point

個人情報を適切に取り扱っていることをお客様や取引先が知れば、あなたとあなたの事業に対する信用度が増します。面倒がらずにしっかりと対応しておきましょう。

ようこ先生

広告宣伝の禁止事項について

広告には、消費者保護のためにさまざまな規制があります。その多くは**景品表示法**（不当景品類及び不当表示防止法）という法律に定められています。たとえば、一般に誤認されるような次の行為について規制しています。

1　不当な表示の禁止

①実際の内容よりも著しくよく見せる（優良誤認表示）
②実際の取引よりも著しくよく見せる（有利誤認表示）
③その他、誤認されるおそれのある表示

具体例を挙げてみましょう。

- **「松坂牛」でないのに「松坂牛」と表示する**
- **客観的な調査をしていないのに「売上日本一！」などと表示する**

要するに、ウソや大げさな表現、まぎらわしい広告は景品表示法に違反する可能性が大きいということです。

2　過大な景品類の提供の禁止

顧客に対し、懸賞やプレゼントを提供する場合には「上限」があります。本来の商品の価値より大幅に高いものは禁止されますし、業種によっては個別の法律でさらに規制されていますので注意が必要です。

事業者がここに掲げたような不当な広告をすると、調査が入り、場合によっては措置命令や課徴金納付命令を受けることがあります。

景品表示法はもちろんのこと、**特定商取引法**（特定商取引に関する法律、次ページ参照）や**消費者庁のガイドライン**などを事前にチェックしたり、専門家に相談してから作成することをおすすめします。

◎消費者庁のガイドライン

https://www.caa.go.jp/business/labeling/

問い合わせ電話番号：03-3507-8800（消費者庁大代表）

事業にまつわるさまざまな法律や規制

会社をつくったり、人を雇う場合に知っておきたい法律としては、次のようなものがあります。

○会社法

会社の種類や設立・解散手続き、組織、運営、資金調達（株式、社債等）、管理などについて規律する法律です。会社にかかわる法律は多岐にわたり、取引においては、民法や商法、税制に関しては法人税法や所得税法などの知識も必要です。

○労働基準法

人を雇うときの労働条件（最低基準）や雇用契約の締結、就業規則の作成など、会社や事業所の労働環境の管理責任者となる事業主が守るべきルールを定めた法律です。

また、業種を問わず、押さえておきたい法律には、次のようなものがあります。

○独占禁止法（私的独占の禁止及び公正取引の確保に関する法律）

公正かつ自由な競争を促進し、事業者が自主的な判断で自由に商行為を行なうことを目的とした法律です。独占的または協調的な行為を防ぎ、消費者の利益が損なわれないよう、政策上から事業者に制約を課しています。

○不正競争防止法

事業者間の公正な競争と国際約束の的確な実施を確保するため、他人の商品等表示（商号、商標、標章、商品の容器や包装、営業を表示するものなど）と混同させるような同一または類似の表示行為などを規制する法律です。

○特定商取引法（特定商取引に関する法律）

事業者の不適切な勧誘・取引を取り締まる「行為規制」や、トラブル防止・解決のための「民事ルール」（クーリング・オフなど）を定めた法律です。とくに、通信販売やインターネット通信販売の広告表示についての規制は確認しておくべきでしょう。

○**下請法**（下請代金支払遅延等防止法）

大規模な親事業者から中小規模の下請事業者を守るために定められた法律です。親会社・下請事業者の資本金規模と取引内容によって、対象となる４つの取引と親事業者の11の禁止行為（不当な取扱い）、そして違反した場合の罰則などが規定されています。

〔４つの取引〕情報成果物作成委託、製造委託、修理委託、サービス提供委託

このほか、「**食品衛生法**」や「**食品表示法**」、「**労働者派遣法**」など、業種によって特別に適用される法律もあります。

わからないとき、困ったときは専門家に相談を

くわしいことを知りたいときは、法律のことなら弁護士、税金については税理士または公認会計士、行政手続きは行政書士というように、それぞれの専門家に相談するとよいでしょう（206ページ参照）。自治体等が無料相談を実施している場合もあります。

わからないことや困ったことがあれば、早めに相談することで適切な対応ができたり、トラブル回避にもつながります。

❽危機管理

女性だからこそ気をつけたい「リスク」対策

いまの時点では、あなたにとって「起業すること」は夢かもしれませんが、「事業を行なっていくこと」は現実です。うまくいくことばかりではなく、判断を誤ったり、ときに心が折れそうな出来事も起こります。

どんなことがあり、そして先輩たちはそこから何を学んだのでしょうか。

ここでは、さまざまなトラブルから学んだことや対処法を紹介しましょう。

・私生活編・

健康問題

突然の病で緊急入院しました。循環器系の病気で予兆はなく、でも処置が遅れると命にかかわっていたかもしれない状態で緊急手術となり、予約のお客様にはたいへんなご迷惑をおかけすることに…
（セラピスト）

学んだこと・ひとこと

会社員をしていたときは健康診断などで半自動的に会社が健康管理をしてくれていたことに、あらためて思い至りました。いまは健康診断はもちろん、運動、食事管理などにも気を配るようになりました。

家族関係

自宅兼教室にしたら家族にストレスが…！
（語学教室）

学んだこと・ひとこと

家族から直接の苦情はなかったのですが、子どもに落ち着きがなくなってしまいました。自宅は自分だけのものではなく、家族のプライベート空間でもあると思いしらされました。

・事業編・

借入

女だからと甘く見られたのか高い金利を提示されました
（理美容業）

複数の金融機関を比較したり、商工会議所などに相談してみましょう。①日本政策金融公庫などでは女性優遇金利を行なっている場合があります。②商工会議所や税理士を介すと優遇金利で借りられる場合があります。

セクハラ

女性だけのサロンだと、いかがわしい目的で来る男性客もいます
（マッサージ業）

①女性専門のサロンにする
②男性客はご主人がお休みでお店に来られる日だけにする
などの防衛策が有効です。

防犯

自宅で開業します。ホームページなどに住所を記載することにためらいがあるのですが…
（サロン経営）

来客してもらう事業（サロンなど）の場合は、ホームページなどで公表する事業所の場所情報は町名までにし、番地や号室は予約者のみに伝えるというやり方もあります。

夜間の店舗に複数回も空き巣に入られて不安です
（理美容業）

最初に被害にあった後は必ず何かの対策を行なうことが大切です。
①そもそもセキュリティを考慮して物件を決める、②店舗に現金は置かない、③防犯カメラやセンサーライトなどを設置するといった対策を講じて、被害を最小限に抑えましょう。

友人関係

仲のよい友人がお客様になってくれたのですが、トラブルになり、結局絶縁しました
（理美容業）

学んだこと・ひとこと

友達として接しすぎてしまうと、お互いなあなあになりがちです。仕事では「お客様」として、丁寧に、時に毅然と対応しましょう。

プライベートでも事業でもさまざまなリスクが潜んでいることがおわかりいただけたでしょうか。えっ？　なんだか起業するのが怖くなってきた？　そうですね。残念ながら、起業後のトラブルは必ずあります。「必ず」です。

これまで多くの起業相談にのってきた筆者ですが、一度もトラブルがないという人に会ったことがありません。でも、だからといって事業そのものをあきらめたりしないでくださいね。みなさん、いろいろな壁を乗り越えて成長しているのです。

「想定されるリスク」は無限にあります。それこそ「お客様がお店に来られるまでに隕石にあたったらどうしよう！」というレベルまで、考え始めればキリがないのですが、ある程度のリスク対策は必要です。

では、起業する段階において、どこまでリスクに備えておいたらいいのでしょうか。たとえば、想定されるリスクを「起こる確率」と「(起こってしまった場合の)迷惑度」で分類してみましょう。「起こる確率が高く、かつ起こると大きな迷惑をかけてしまう」という場合は、保険をかけるなど「必ず」何らかの対策をすることが大切です。

飲食店のための食中毒対応保険や、製作した商品がもとで起こった損失に対応するための損害保険など、さまざまな保険・共済があります。

また、自分自身が病気になったとき、スタッフの人件費や家賃を賄えるよう、一時金が受け取れる保険に入る経営者もいます。

◆想定されるリスクの分類

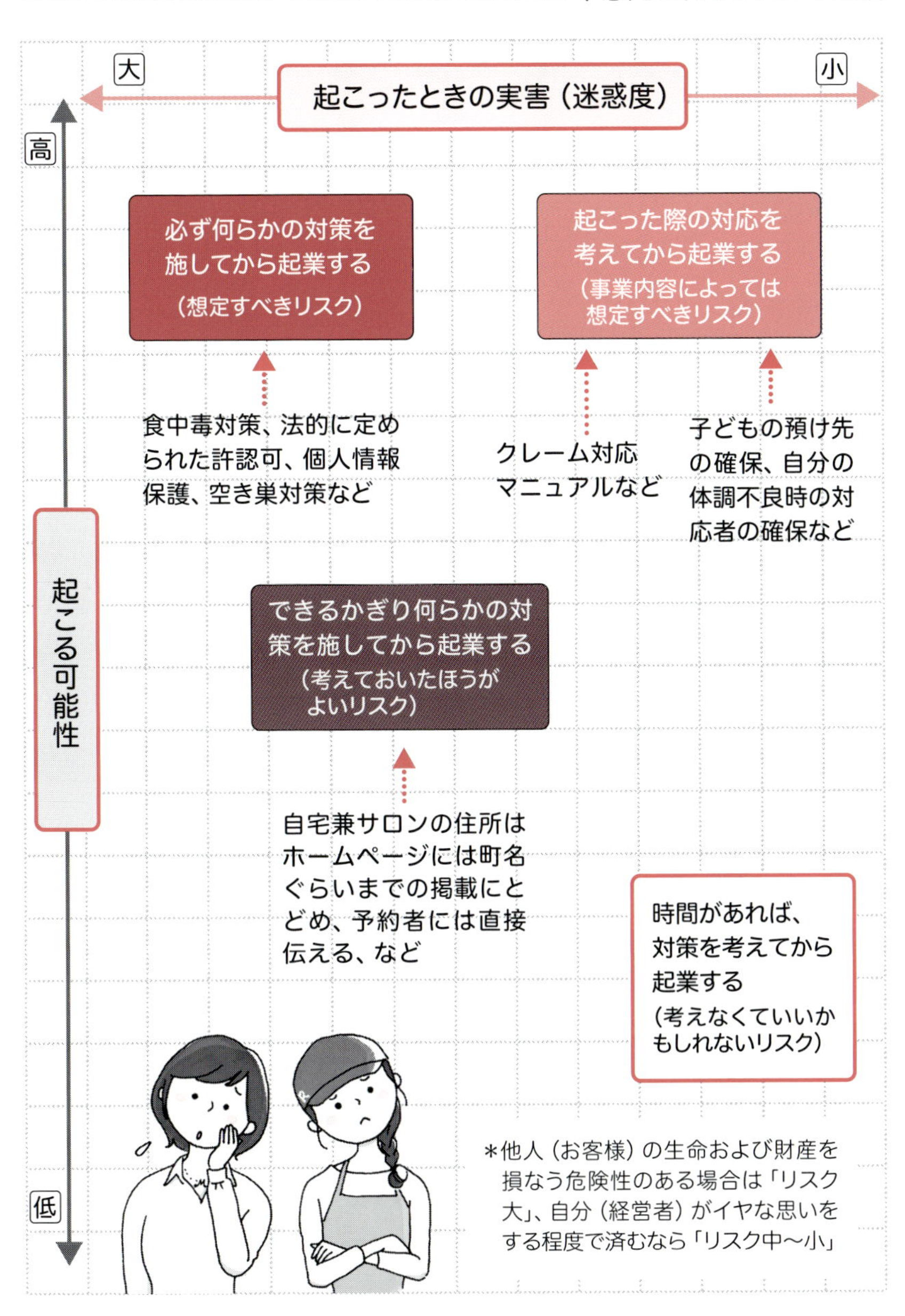

M美さんとR子さんの起業ストーリー❹
開業までの道のり

お店の名前は「Odekake・ママ」に。ママにお出かけしてほしいのとママである私がお出かけしてお弁当を届けるので…
のぼりも併用

交通量の多い場所なので、車からもわかるよう、ターポリンをかけました

R子さん

6月	家族会議（開業することに家族の同意を得た）
6月	親族会議（開業場所の使用について親族の同意を得た） 事業コンセプトを練り、資金プラン作成
6月	提供するサービスのメニュー化と価格設定 仕入れ先を親族に紹介してもらう
7月	まわりの人に意見を聞きながら、サービス内容をブラッシュアップ
8月	賃貸借契約に関して司法書士に相談 開業場所の賃貸借契約（親族と）
10月	リフォームの図面作成⇒保健所に相談⇒図面修正 ブログ開始、SNSでの情報発信
11月	店舗の工事
1月	保健所への営業許可申請（開業の1か月以上前までに！）
1月	保健所による現地確認（2月　保健所より営業許可証交付） 食品衛生責任者取得
1月	商標調査（弁理士に依頼）
1月	簿記の簡単な勉強（商工会議所の勉強会に参加）
1月	ホームページ開設、挨拶まわり用のメニュー表、名刺などの作成（ホームページのQRコードを印刷） 友人（ターゲット層）に試食してもらい、提供メニューをブラッシュアップ
2月	店舗まわり装飾（自分でDIY+○月OPEN!のポスターを外から見えるよう貼った）
2月	損害保険加入（食中毒などへの対策として）
2月	開業届提出 内覧会（試食会）をイベント的に開催（1回）
3月	開業！

さあ開業！今日から一国一城の主です。

うちは駅近で歩行者が多いけれど、住宅街だから看板等はひかえめに。来た人がわかる程度でいいかな

M美さん

6月	家族会議（自宅を使用することに家族の同意を得た）
6月	事業コンセプトを練り、資金プラン作成
7月	簿記の簡単な勉強（本を読んだ） 初年度の確定申告は税理士に依頼する予定
6～8月	まわりの人に意見を聞きながら、サービス内容をブラッシュアップ
9～10月	教材の選定（見本を取り寄せたり、同業者をリサーチ）
10月～	ブログ開始、SNSでの情報発信
11月～	ホームページ開設準備（プロに依頼）
	DMやホームページに掲載する記事作成
12月上旬	ご近所への挨拶まわり（自宅を使用するため）
12月中旬	利用者との契約書を作成し、弁護士にチェックしてもらう
1月	開業届提出 ホームページ公開
1月	広告活動（自宅前看板、学区内にある郵便局でのポスター掲示、地域指定郵便でオープンのDM配布）、名刺作成
1月末	内覧会開催（申し込みのつど）
2月	開業！

開業準備は順調ですか？

ここまで一緒に学んできたM美さん、R子さんもついに開業しました。あなたの開業準備の状況をチェックしてみましょう。

①事業プランについて

Q：「ターゲット」は決まっていますか？

例 性別、年齢、家族構成、居住地域、趣味、特徴など

□ はい　□ いいえ → 024ページ

Q：提供する「商品・サービス」は決まっていますか？

例 手づくりアクセサリー・小物雑貨、宅配弁当、英会話教室など

□ はい　□ いいえ → 026ページ

Q：どうやって「宣伝・周知・広報」する予定ですか？

例 チラシ、ホームページ、SNSなど

□ 具体的な方法があります　□ まだ、決まっていません → 160ページ

Q：事業内容について、人に意見を聞いたことがありますか？

例 試作品を体験してもらった、フリマで売ってみた、専門家に相談した、など

□ はい　□ いいえ → 054ページ

全部こちらに✔が入ったら…

②開業の形態について

Q：個人事業主ですか？　それとも法人ですか？

※業種によって、法人化が必要な場合もあります → 118ページ

□ 個人事業主　□ 法人（例 株式会社、合同会社、社団法人、NPO法人など）

Work

③開業手続きについて

Q：どんな届出が必要か知っていますか？

□ はい（事業プランをまとめ、必要書類をそろえて役所へ提出しましょう）

□ いいえ → 116ページ

Q：社名や屋号（お店のネーミング）は決まっていますか？

□ はい

※個人事業の場合、決まっていなくても届出は可能です

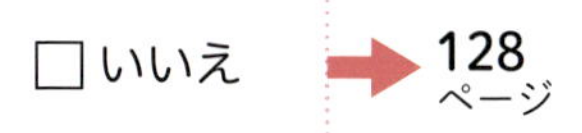
□ いいえ → 128ページ

Q：開業する場所はどこですか？

□ 決まっています

例 自宅、シェアオフィス、賃貸物件など

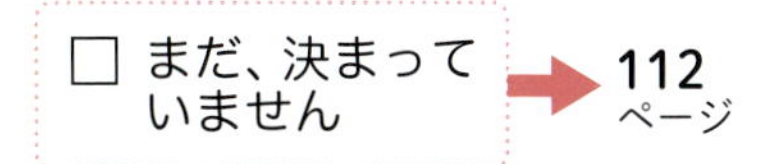
□ まだ、決まっていません → 112ページ

Q：人を雇いますか？

□ はい 専従者（家族かつ同一生計かつ、あなたの業務従事がメイン）○人
使用人（パート・アルバイトなど）○人 → 190ページ

□ いいえ（雇わなくても、かまいません）

Q：扶養範囲内で働きますか？

□ はい → 068ページ

□ いいえ

Q：所得税の「青色申告」を行ないますか？

□ はい（所轄の税務署へ「青色申告承認申請書」を提出） → 186ページ

□ いいえ（白色申告から青色申告への変更は可能。ただし、年度の途中での変更はできない）

〔青色申告制度〕
事前に青色申告の承認を受けている場合、電子申告をすると最高65万円、紙の申告では最高55万円が控除されます。

「開業届」「青色申告承認申請書」以外にも許可や届出が必要な業種

→ 124ページ

⑨最終チェック

開業前にあらためて確認しておきたいこと

経営に欠かせない「ヒト・モノ・カネ・情報」

思いつきで起業できても、事業として継続するには、自分自身のマインドや能力、資金、人脈、家族の理解など、いろいろなものが必要になってきます。

起業する分野によっては、事前に資格を取得したり、必要なスキル（技術）やノウハウ、知識を身につけておかなくてはならないこともあるでしょう。

そこで、経営に欠かせない資源といわれる「**ヒト・モノ・カネ・情報**」の観点から、開業前に最低限、確認しておきたいことをチェックリストにしてみました。

もちろん、開業後でも改善したり、補完できることもありますが、「こんなはずじゃなかった…」「やっておけばよかった…」なんて後悔したくないですよね？

開業前のできるだけ早い段階で、あなた自身に問いかけてみてください。

もし、自信がもてなかったり、不安に思うことがあれば、いったん立ち止まって、対策を考えてみることも大切です。

Work 開業してから後悔しないための24の問い

ヒト（あなた自身）

- □「誰かの役に立ちたい」など、起業する目的は明確ですか？
- □ 何かあったときの「責任は自分でとる」という覚悟がありますか？（☆）
- □ 起業したいと思っている分野での就業経験はありますか？
- □ うまくいかなくても、他人や自分を取り巻く環境のせいにしないと誓えますか？
- □ うまくいかなくても、経験を学びと受けとめて、冷静に次の手を考えられますか？
- □ 家族と十分に話し合い、起業することについて理解を得られていますか？

※ここでは「ヒト＝あなた自身」としましたが、本来は、取引先や支援してくれる人たち、あるいは、会社なら従業員のことなども考えながら経営することも大切です。

モノ

- □ お客様からお金をいただくに値する事業（商品・サービス等）になりそうですか？（☆）
- □「競争相手は必ずいる」という前提で、事業内容を差別化できていますか？
- □ 流通ルート（仕入れ・販売先・販売方法等）のめどは立っていますか？
- □ 家賃など、大きなお金がかかるものは、比較検討や価格交渉ができますか？
- □ 病気やプライベートで困ったとき、頼れる人や利用できるサービスはありますか？
- □ 営業活動をいとわず、顧客を開拓する具体的な方法や気がまえはありますか？

カネ

- □ 起業に必要な資金のうち、3分の1以上を自分で用意できそうですか？（☆）
- □ 必要に応じて、事業には金銭的な先行投資も必要だと決断できそうですか？
- □ 「お客様が重要視するポイント」には、お金をかけてもよいと考えられますか？
- □ 自分の事業に対して、堂々とお金をもらう自信はありますか？
- □ 自分にできないことは、お金を出して外部に依頼することはできますか？
- □ 開業して「すぐにお金は稼げない」という前提でも、生活はできますか？

情報

- □ 起業に関して、専門家や先輩起業家などに相談しましたか？
- □ 起業する分野で、情報交換できる人や交流できる場を知っていますか？
- □ 厳しい意見や批判にも耳を傾ける勇気はありますか？（☆）
- □ お客様になってほしい人が、「どこで」「どんなツールで」情報収集しているかといったことを知っていますか？
- □ 起業する分野の法規制や業界の慣習などについて調べてみましたか？
- □ 開業してからも、学び続ける気持ちはありますか？

診断

24問中、いくつ自信をもってチェックできましたか？

16個以上（4つの☆つき項目、すべてを含む）

起業に必要な心がまえがあり、準備もほぼできているようです。

事業内容をさらにブラッシュアップしながら、開業に向けて計画的に動いていきましょう。

16個以上（4つの☆つき項目のうち、いずれかが欠けている）

起業に必要なスキル（技術）が備わっていても、不安な気持ちが大きすぎたり、自己資金が足りないうちは、ムリに起業しないほうがよいでしょう。

とくに、「すごいと言われたい」「いまの環境がイヤだから」「自営のほうがラクそう」といった曖昧な目的で起業すると、失敗することが多いようです。

16個以下

いまは、起業のタイミングではないかもしれません。自分に不足している要素（ヒト、モノ、カネ、情報）があるなら、それを補うことが先決です。

いま、すべきことは何か、冷静に考えてみてください。

誰かに話すことで、課題が見えてくることもあります。関連資格をとったり、どこかで修業したり、起業セミナーなどに参加して、人脈や視野を広げてみるのもよいでしょう。

場合によっては、事業プランを練り直すことも必要です。自己資金が足りなければ、お金を貯めるなど、できることから始めてみましょう。

STEP 4

利益があるから事業が続く

毎日の運営のしかた

STEP1で「事業プラン」を考え、STEP2では事業に必要な「お金」について学びました。そして、STEP3で開業準備の進め方もわかりましたね。これで、ようやくゴール？　いえいえ、開業してからが本当のスタートです。

大切なのは「事業を続ける」ということ。それは容易なことではありません。事業を続けるというのは、言い換えれば、お客様に「お金を払って利用したい」と選び続けてもらうということです。それには、相応の努力と工夫が必要です。なかには、卓越した才能やセンスがあったり、独自の人脈やスキルで顧客を獲得する人もいますが、そういうケースはまれだと考えたほうがよいでしょう。

むしろ、振り向いてほしいターゲットには必ずほかにも選択肢があり、あなたが独自のアイデアと信じたものも、実は多くの人が競い合うマーケットだったというケースは珍しくありません。

ライバルには、その事業だけで食べる覚悟のある人や、すでに実績を積んでいる人もいて、一朝一夕に優位に立つことはできないものです。

また、女性の場合、せっかく起業しても、出産や子育てで中断せざるを得なかったり、介護など家庭の事情で時間的な制約を受けることもあると思います。

さまざまな現実に直面し、続けることをあきらめてしまう人がいる一方で、試行錯誤を繰り返しながら、自分の道を切り拓いている人も少なくありません。


ここまで、あなたと一緒に学んできたM美さんとR子さんも、ようやくスタートラインに立ちました。悩み、戸惑いながらも、充実した日々をおくっています。

最後のSTEP4では、販売促進や集客など売上アップの方法を中心にお話しします。きちんと利益を上げて事業を続けたいのであれば、ぜひ実践してみてください。

POINT

美しい花を咲かせるには、種まきや水やり、除草など地道な作業が必要なように、「やるべきこと」を1つずつ丁寧に実行しましょう。

❶売上の法則

お客様に選んでもらうために何をしますか？

ついに開業の日を迎えました。いよいよ、利益を得る段階です。当然ながら、利益を得るには、お客様にお金を出していただく＝「売上」を上げることが必須です。

この売上って何でしょうか。簡単にいえば、「客数」と「客単価」ではじき出される金額ですが、お客様の購買心理が働くことによって、その金額は、多くなったり少なくなったりします。これを「**売上の法則**」と言い、次のような図式が成り立ちます。

売上＝客数×買上率×客単価×購買（来店）頻度

1つひとつの要素をいかに向上させるかが、売上を左右することになります。

売上が伸び悩んだときは、たとえば、次のような視点で商品やサービスの提供のしかたを見直せば、改善すべきことが見つかるかもしれません（160ページ～参照）。

- **客数**　←広告宣伝、イベント出展、SNS活用など周知する方法を工夫
- **買上率**　←お買い得感や優越感を高め、お客様の気分がよくなる仕掛け
- **客単価**　←ついで買いを誘ったり、セット商品や利益率の高い商品を販促
- **購買頻度**←限定品の販売やクーポン券発行など「次につなげる」仕掛け

「買いたい」「利用したい」と思わせる工夫

人がお金を払って「買いたい」「利用したい」と思うのは、何かしらその人にとってメリットがある場合です。販売に不慣れな人はとかく「商品（サービス）のよさ」を語りたがりますが、興味のないトークを聞かせるのは逆効果。まず、相手の警戒心を解いたり、興味をもってもらうことから始め、相手から「ほしい」という言葉を引き出しましょう。

第一段階：認知
感じのいい挨拶、「使ってみたい！」と思わせるキャッチコピー、楽しいＰＯＰなど

第二段階：カウンセリング
いま使っている商品では満足できない点や現状の困りごと、好きなものなど

第三段階：説明
商品の特徴（生産者のこだわりや希少性など）、おすすめの理由など

第四段階：クロージング
「試し使い」をすすめる、など。断られても感じよく！

これは、ホームページの記事やチラシの宣伝文句などを考える際にも役立ちます。

具体的にどのような行動を行なうのかは、事業内容によって異なりますので、ここでは、Ｒ子さんのケース（宅配弁当＆料理教室）で考えてみましょう。

売上の法則

SNSでつながっていると、イベントや新商品の案内がしやすいわ

でも、SNSをしている人ばかりじゃないから、希望者にはDMかファクシミリで情報を送ろうかな

毎日、お弁当づくりはたいへん。夕飯にも使いまわせる簡単惣菜を紹介しよう

夏バテ防止+低カロリーのお弁当なら、暑い時期にも売れるかも…

イベントや目新しい商品がある店なら集客が見込めるはず…

売上 ＝ **客数**（お客様の数）× **買上率**（購入客数／来店客数）× **客単価**（1人あたり払ってくれる金額）× **購買頻度**

購買頻度：
- 何も買わずに帰ることを防ぐ
- 短いスパンで来てもらう

客単価：
- 売るものの単価を高くする
- 一度にいろいろ買ってもらう
  - セット販売
    - セット商品をつくる
  - 関連商品をすすめる
    - ・口頭
    - ・ディスプレイ

ファストフード店とかで「ドリンクはいかがですか？」と聞くのは、客単価アップのためなのね

私も、お弁当を買うお客様には味噌汁もおすすめしてみようかな

味噌汁に使っている出汁は素材がいいから、料理教室で紹介してみようっと

新規客 → **初めて利用する人をどうやって増やすか？**

Keyword **知ってもらう**

あなたのことを知らない人に「事業内容」を知ってもらう

- わかりやすい外看板・のぼり・野立て看板などを設置
- Webで探してもらう仕掛け
（HP、ブログ、インスタグラム…での情報発信など）
- 紙媒体で情報発信
（チラシ、フリーペーパー、ポスティングなど）
- イベントを行なう
- 新商品・季節商品を投入する

既存客 → **一度でも利用してくれた人に リピーターになってもらうには？**

Keyword **忘れられない**
- ＳＮＳでつながっておき、情報提供
- DM、メルマガなどを送る

あなたのことを知っている人に「事業内容」を知ってもらう

- 事業内容がわかりやすい名刺
- ＳＮＳでの情報発信（LINE@、Facebook、Twitterなど）
- 紙媒体での情報発信（DM、年賀状、開店挨拶状など）
- リピートしたくなるような感動するサービスの提供

❷目標設定

複数の視点から「売上計画」を立てましょう

安定した売上はリピーターを増やすことから

利益を得るには「売上」をつくることが基本ですが、それは口で言うほど簡単なことではありません。「期待したほど売れない」というのが、多くの人の現実です。

夢のような売上目標を掲げても、達成できずに落ち込むだけ。まずは、自分の置かれた状況や資金力、営業力などをふまえて、達成可能な目標を立てましょう。

ポイントは、先の「売上の法則」にのっとって複数の視点から考えることです。

たとえば、「半年以内に売上を2倍にしたいから、客数と購買（来店）頻度を1・5倍ずつ増やそう」と目標値を定めれば、「期間限定のイベントを開催しよう」「初回割引付きチラシを配布してみよう」といった具体的なアイデアも出やすくなります。

また、「すぐにやること」「1週間以内にやること」「1か月以内にやること」と、目標に期限を設けることで、具体的な計画に落とし込みやすくなります。

大切なのは、リピーターを逃さないこと。「飽きさせない」「忘れられない」工夫を重ねていくことが、購買（来店）頻度を高め、安定した売上にもつながります。

Column

値引だけではお客様の心はつかめない」

あなたが消費者の立場なら、「値引は好きですか？」と聞かれれば、「好き♡」と答える人は多いでしょう。けれど、売る側にすれば、利益を圧迫するリスクのある話です。とくに「安くすれば、お客様は来てくれるだろう」と安易に行なう値引は、おすすめできません。

とある飲食店では、競合がフリーペーパーで10％割引を始めたため、「うちも！」と追随しました。しかし、それ以外に集客の努力をせず、以前から行なっていた10％割引券も併用していたため、割引が常態化し、気がつけば、まったく儲からない体質になっていたといいます。

しかし、「値引＝絶対NG」というわけではありません。戦略的に値引を行ない、売上アップにつなげている例もあります。

ある美容系のサロンでは、新たに導入した美容機器の稼働率を上げるため、クーポン系サイトを利用して集めた新規客に対し、その機器を活用したサービスを安く使える回数券を発行。そのチケットを購入した顧客は固定客化し、継続的にサロンに通ううち、別のサービスも受けるようになって客単価を押し上げているそうです。

値引をせずに済むのが一番ですが、もし、戦略的に販促の手法として値引を行なうのでしたら、値引分をどこかで回収する仕組みを考えておくべきでしょう。

③マーケティング

事業を広めるための50の方法（実践編）

ＳＴＥＰ１で、自分の存在や事業を広める方法がいろいろあることをお伝えしました。ここでは「実践編」として、具体的な取り組みについて紹介します。

売上が伸び悩んだときなど、あれこれ試すことで状況が変わるかもしれません。

✦自分のことを知らない人に知ってもらう手法

屋外広告

自分の店舗から離れた場所（屋外）での広告。ターゲット層＝来てほしい人が多く集まる場所や、多くの人の目につきやすい場所などに設置することがポイントです。

①野立て看板：道路わきや駐車場の端などに立っている看板。通勤・通学あるいは生活道路として、その道路を常時利用する地域住民にアピールする方法。何度も目にするため、内容が記憶に残りやすい。

②電柱広告：車どおりから離れた路地にお店がある場合など道案内的に使う場合が多い。

店舗の外観装飾

お店や会社のイメージを左右し、顔ともいえる部分です。店舗に入るかどうかを決める際に大きく影響します。効果的な誘導を考えましょう。

③店舗前の看板：知らない人から見て「何のお店か？」が直感でわかることがポイント。店舗前を車で移動する人が多い場合は、車から見えやすい場所かどうかも考慮すること。

④のぼり：個人商店や中小店舗の場合、「誰もが知っている単語」（例：「ランチ」「美容院」「特売」など）で注意を惹くために利用する。「誰も知らない単語」（オリジナルグッズの名称など）はスルーされやすい。

⑤ターポリン：垂れ幕・横断幕の一種。屋外での長時間使用を想定し、防炎素材に防水加工などが施された複合シート。通常の布に比べて雨や汚れに強く、オーダーならサイズも自

在につくれる。写真がきれいに印刷できるので、メニュー写真や店内写真などで入店を促す効果がある。

郵便・紙媒体

販売地域や顧客のターゲット層がはっきりしている場合に効果を発揮します。大勢の人へ一度にアプローチすることができる一方、一般に費用がかさみます。

⑥**DM（ダイレクトメール）**：住所のわかる顧客に直接案内を送る方法。また、企業やお店にFAXで直接情報を送る「FAXDM」という方法もある。いずれも、業種を絞り込み、配信代行してくれる業者がいる。

⑦**ポスティング**：家のポストにチラシなどを直接配布する方法。反応が出る最少ラインは、理美容院で3000枚、エステサロン

ポスティング活用事例

「エリアをしぼって集中的にPR」

「地域密着型英会話」というコンセプトのため、まず地域の方に知っていただこうと、ポスティングによるPR活動を行ないました。家族で手分けして、1万2000枚ぐらい配ったかな。それを3～4年間、続けるうち、生徒さんが増えました。もちろん、WEBサイトをつくったり、保育園に営業に行ったり…とにかく、いろいろやりました！

（きっこイングリッシュスクール：深見英子さん）

ポスティング失敗事例

「投げ込み先の選択を誤った！」

住宅図面の3D化をしていますが、開業当初、売上が思ったように伸びず、集合住宅にポスティングしたこともありました。でも、反応はゼロ。冷静に考えれば、その集合住宅の居住者で、たまたまリフォームを考えていて、かつ、3D化にお金を払ってもいいと思っている人なんて、そうそういませんよね。まあ、自分に根性つけるためには、よかったかなと思っています（笑）。

（株式会社コンフォートデコー：鳥飼友美さん）

で5000枚程度といわれる。個人が行なう場合、1時間で約100枚配布するのが目安。配布を請け負う業者もいる。

⑧**地域指定郵便**：特定の地域一帯に郵便物を配布する方法。相手の住所を知らなくても届けられる。郵便局で申し込む。

⑨**チラシ（フライヤー）配布**：A4程度の用紙1枚に情報を盛り込み、店頭に置いたり、直接配布する方法。人（ターゲット層）の多く集まる場所や、特定の地域に限定して配布することが多い。A6など小さなサイズや、装飾を施したり、厚みのある広告物などを、とくに「フライヤー」と呼ぶこともある。

⑩**新聞折り込み**：新聞に入っているチラシ。反応率は0・01％程度といわれる。

⑪**行政機関広報誌での広告**：市町村が発行する広報○○などでの広告。近年、広告収入を見込んで多くの市町村で広告スペースが設けられている。

⑫**フリーペーパー**：読者が無料で受け取れるクーポンなどがついた、新聞・雑誌・小冊子などの形態をもった紙媒体の総称。個人や企業が独自に発行したり、自治体や業者が地域別に発行するなど、配布規模やアプローチのしかたもさまざま。

店舗外広告

駅前や地元の商店街、店舗周辺など一定の範囲にいるターゲット層に届きやすい方法です。「ついでに立ち寄る」といった、顧客の導線を考えて仕掛けると効果的です。

⑬他店舗でのチラシ・ショップカードの設置：自分のお店のチラシやカードをよそのお店に置いてもらう手法。有料の場合と無料で設置させてくれる場合とがある。自分の来てほしい顧客層とマッチするお店に置いてもらうことが重要。

⑭郵便局、駅での広告：郵便局や駅の構内でポスターなどを掲示する方法。郵便局でのポスターの場合、２週間単位で数千円程度の費用がかかる。日本郵便グループのホームページに広告料の掲載あり。

人的営業

個人や企業を対象に根気よく営業してまわる方法もあれば、交流会などを活用して人脈をつくってから営業する方法もあります。自分ひとりでは限界があるので、家族や友人に協力を求めたり、業種によっては、人を雇うことも少なくありません。

⑮テレアポ（テレフォンアポイントメント）：おもに通信販売や訪問販売で使われる手法で、電話による勧誘・注文受付などを行なう営業のこと。「オレオレ詐欺（振り込め詐欺）」などの影響で、昨今は電話に出てもらえなかったり、話を聞いてもらえないことも多く、トラブルも少なくない。決して無理強いせず、相手にとってのメリットをまず伝えるなどの努力が必要。代行業者もあるが、依頼する場合は慎重に吟味すること。

⑯**飛び込み営業**：アポなしで、訪問営業を行なうこと。前項と同じく、相手にしてもらえないことも多い。できれば、事前に電話などでアポをとって訪問するほうが効率的。

⑰**紹介制度**：顧客や取引先などから新規客を紹介してもらう仕組み。通常、紹介してくれた人と新規客双方に何らかの特典を設ける。「常時」ではなく「ご紹介キャンペーン」などを行なう方法もある。

⑱**挨拶まわり**：新規開店時などにご近所の人はもちろんのこと、商店会や自治会（町内会）の顔役のところへ挨拶に行く。お店を知っていただく効果だけでなく、面識をもつことで開店後のトラブル防止にもつながる。とくに、自分が居住している場所以外で開業する場合は、地域のルールや年間行事などの情報を得られるのもメリット。

⑲**マルシェなどへの出店**：小規模な展示販売会。マルシェそのもので儲けるだけでなく、お店などの

マルシェ活用事例

「出店を機に新たな取引に発展」


「薬草マルシェ」という小規模な展示会に出店したところ、とある企業から「オリジナルハーブティー」の制作依頼がありました。

（シュクレメディシナルハーブ：水野さと美さん）

水野さんと星山さんが連携してつくった「ハーバルティー」（「薬草のお茶」という意味）

「温浴」に関連する商品の開発・販売を行なっています。マルシェに出店されていた水野さんと知り合い、「入浴前や後に飲むハーブティー」のオリジナルブレンドを依頼しました。

（日本温浴研究所：星山千穂さん）

存在を知ってもらうために活用する場合も多い。

⑳**異業種交流会**：民間団体の主催するものから商工会議所、金融機関の主催するものまでさまざまなタイプがある。

㉑**業界団体等への加入**：同じ業種同士が集まった団体。加入して懇親会などマメに顔を出すと、人柄を知ってもらえて仕事につながる場合もある。

メディア露出

情報媒体（メディア、マスコミ）を使って、商品やサービス、事業内容を世の中に知らしめる方法。お金を払って広告や記事を出す場合もあれば、イベント開催や新商品発売などニュース性のある情報を流して、取材対応↓記事掲載になる場合もあります。

㉒**テレビ・ラジオ・新聞・雑誌広告**：お金を出してメディアに広告を出す手法。対象範囲が広いメディアほど費用がかかるので、「ターゲット層が読んでいる」専門誌や地域限定メディア（地方紙やローカル番組など）にしぼるなど、媒体選びを慎重に行なう必要が

雑誌広告活用事例

「顧客の安心材料につながった」

全国版の有名女性誌に広告（記事風に仕上げてくれるタイアップ広告）を出しました。掲載料は25万円ほど。決して安くはないですし、それを見て、次々とお客様が来たわけではありませんが、「〇〇に掲載されたサロン」という触れ込みで、イメージアップにはとても役立ちました。
（ルシル：西尾論美さん）

ある。すぐに売上につながらなくても、知名度を上げたり、イメージアップをねらう場合も多い。

㉓**プレスリリース（パブリシティ活動）**：新聞社や出版社、テレビ局などに、「こちらから」情報を発信し、記事や番組での露出をねらうこと。できるだけターゲット層とつながりそうなメディアを選び、知らせたい情報（新商品発売やイベント開催などニュース性のあるもの）をコンパクトにまとめて伝えるのがコツ。写真や試供品などをつけて記事にしやすい工夫も必要。

既存の流通経路へのアプローチ

初めての起業など人脈や経験もない場合、販売先や取引先を一から開拓するのはむずかしいので、すでに流通経路が確立されている「場」を活用するのも1つの方法です。

自分が考えている事業の目的や規模などに合わせて選ぶとよいでしょう。

㉔**展示会・販促イベント**：展示会は、個人事業主や企業がブー

プレスリリース活用事例

「根気よく送り続けて、記事掲載を実現」

オリジナル開発した美容グッズの案内を出版社に送ったら、某有名女性誌の小顔特集で取り上げてもらえました！　ただし、1回では載らないと聞いていたので、同じ会社に何度も送ったんです。雑誌の場合、「○○特集」といった記事の目的に商品が合致しないと、どれだけモノがよくても掲載されないみたいですね。（株式会社シエル：太田純子さん）

スを出し、自社製品などをPRする集まり。規模も形式もいろいろで、目的に応じて「商談展」「見本市」「産業交流展」など呼び名は異なる。

一般にBtoB（商談）を前提としていて、国内外の多くのバイヤー（仕入担当者）と知り合いたいなら出展料数十万円の大規模なもの、地元で存在感を高めたいなら地域限定で1万〜数万円程度のもの、と価格の幅も広いので、費用対効果をふまえて出展先の使い分けが必要。

一方、販促イベントは、催事場などで一般消費者向けに商品などを宣伝・販売する方法。「物産展」「実演販売」「即売会」「試食会（試飲会）」など、こちらも形式や呼び名はさまざま。クチコミによる波及効果が期待でき、商品の知名度や購買率が一気にアップする可能性がある。

㉕ふるさと納税の返礼品：市町村ごとに商品を選定して「ふるさと納税の返礼品」として掲載している。

展示会活用事例

「販促を兼ねて地域イベントに参加。人脈も広がった」

アトリエのある岐阜県多治見市で行なわれるビジネスフェア「き業展」に出展したことがあります。2日間で1万円の出展料で、10万円ほどの売上がありました。私自身のことを知っていただく機会にもなり、これからが楽しみです。
（シュクレメディシナルハーブ：水野さと美さん）

私も「き業展」に出展したところ、同じ展示会に出展されていた方をご紹介いただき、ビジネスにつながりました！
（株式会社コンフォートデコー：鳥飼友美さん）

選定基準は各市町村によって異なる（市役所の納税課が窓口である場合が多い）。

㉖**通販系カタログ掲載**：誰もが知っている通販カタログだけではなく、「看護師さん向け」や「農家さん向け」などターゲットを特化したカタログなどもある。

㉗**ネットモールへの出店**：利用者が多いので「自分の商品をたくさんの人に知っていただく」ことに向いている。利用料金はかかるが、「出店料無料で売れた分に応じて利用料金がかかる」モールや「商品を預けておけば配送までしてくれる」モールなどがある。

自社メディア作成

インターネットを活用する宣伝・広報の手法にも、さまざまなものがあります。

㉘**ホームページ（ＨＰ）**：自社の会社概要や提供するものを紹介するＷＥＢサイト。Jimdo やWix といったテンプレートが用意されていて自分で無料でつくれるサービスもある。同様にショッピングサイトも、決済機能がついてテンプレートが用意された無料サービスを利用して自分でつくることができる。

㉙**ブログ（blog）**：日記形式で自分で手軽に記事が更新できるＷＥＢサービス。

㉚**フェイスブック（Facebook）の個人ページ**：ＳＮＳの一種。利用者間で「お友達」になれば、自分の情報を「お友達」に無料で知ってもらえる。

㉛**フェイスブック（Facebook）ページ**：企業などのための Facebook サービス（企業な

どはFacebookの個人ページは開設できない)。「お友達」はつくれないが、イベントのページを作成できたりクーポンが発行できたりする。

㉜インスタグラム(Instagram):写真を中心としたSNS。#(ハッシュタグ)にキーワード(たとえば○○市ランチ)をつけて投稿すれば、「○○市ランチ」で検索した人が、あなたの投稿した写真に巡り合えるなどの機能がある。

㉝ツイッター(Twitter):140文字以内で情報を発信するSNS。スピーディーな情報伝達が特徴。

㉞クラウドファンディング:おもにインターネットを通じてイベントや商品開発などに資金提供を呼びかけるもの。初期は「寄付」の意味合いが強かったが、近年「通販」に近い(お金をもらって商品を送る)ものも増えている。

クラウドファンディング活用事例

「新しい取り組みに注目が集まり、広告効果にもつながった」

岐阜県高山市で、スイス出身の夫とミューズリー(シリアルの一種)のカフェを開くことになり、店舗改装費用をクラウドファンディングで募りました。その取り組みが地元紙に掲載されるなど広告効果もありました。
(トミィミューズリー:尾橋美穂さん)

ホームページやブログなどインターネットは、使い方次第で飛躍的に宣伝効果を上げることができますが、「つくりっぱなし」「やりっぱなし」では逆効果です。更新されないサイトはすぐに見向きもされなくなり、かえって評判を落とすことになりかねません。便利なツールである一方、お客様と双方向であることを常に意識したいものです。

㉟**SEO対策**：何かのキーワードでネット検索したときに上位に表示されるよう、対策を施すこと。検索エンジン（Yahoo!やGoogleなど）の仕様が変更になれば、上位表示される条件なども変わってくるので、専門業者も存在する。

㊱**SNSでお客様に拡散してもらう**：お客様が自社をSNSで紹介してくれたら特典を差し上げるなど何らかの仕組みが必要。お客様の周囲にもアプローチできるメリットがある。

㊲**クチコミの獲得**：クチコミの掲載できるサイトに、お客様に何らかの特典を差し上げてクチコミを書いてもらう。

㊳**グーグル（Google）への情報掲載**：Googleマイビジネスにビジネスオーナー登録を行なうと、自社に関する情報が編集・投稿できる（自社商品などの掲載も可能）。

WEB広告系

㊴**キーワード連動広告**：特定のキーワードを検索したときにあなたのお店などの広告が

表示される手法。

㊵クーポンサイト：お客様がお店のショップカードやクーポンをもらってまとめて管理したりできるサービス。店舗として有料サービスに登録すると利用者にクーポンを配信してもらえるなどのサービスが受けられる。

㊶SNS広告：ユーザー属性（住んでいる地域や性別、年齢など）を選択して、合致する人にだけ広告を表示させることが可能。

㊷各種情報系サイト（有料・無料）：「○○地域の店舗情報」などを集めたサイト。店舗として有料サービスに登録すると、上位に表示されるなどのサービスがある。

㊸ネットモール内での広告：ネットモールの利用者は年々増えているので、出店せずに広告を出して自分の店に誘導する方法も検討の価値あり。掲載時期や掲載金額を決めて出稿するなどのサービスがある。

ネットモール活用事例

「ターゲット層が多そうなサイトで販売」

自社のホームページなどだけでは、なかなか商品を知っていただくことがむずかしいので、開発した商品を某大手ネットモールで販売しています。ただ、ネットモールにはたくさんの商品があるので、「見て（どういう商品か）わかるビジュアル」や「覚えやすく、商品の特徴を伝えられるネーミング、キャッチコピー」を心がけています。その結果、カテゴリー1位を取得したこともあります！

（株式会社シエル：太田純子さん）

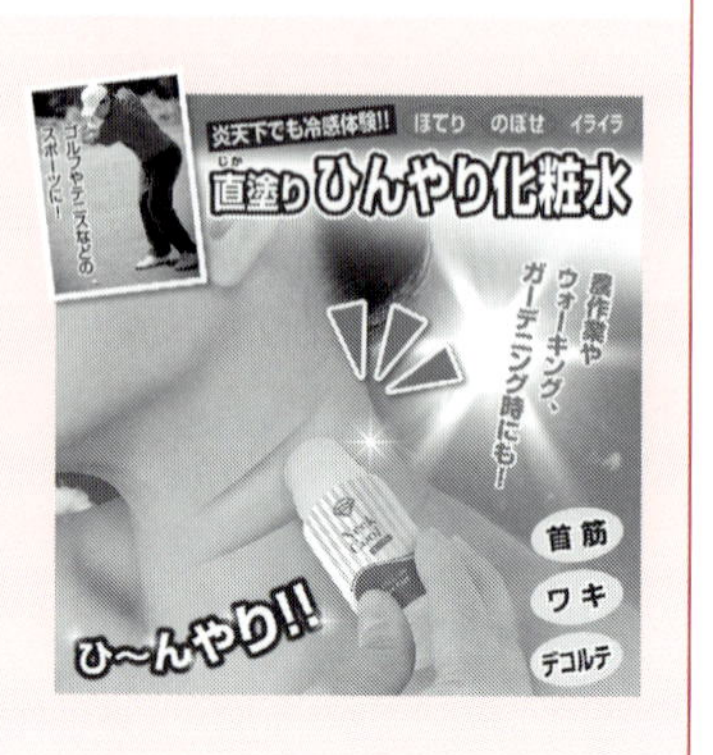

✦自分のことを知っている人に知ってもらう手法

人的営業

友人・知人など、自分を「知っている」人にも、きちんと挨拶をしましょう。顧客になってくれるだけでなく、そのまわりの人たちへの波及効果が期待できるからです。

㊹**挨拶まわり**：取引を始めた相手（会社）や、地元の商店会、自治会（町内会）などの顔役には、開業前に必ず挨拶をすること。お店の場合、ご近所の人にファンになってもらえれば、親近感から積極的なクチコミ活動も期待できる。

㊺**ノベルティの配布**：店舗周辺や駅前など、ターゲット層がいそうな場所で配布すると効果的。とくに、ご近所の人には挨拶状と合わせてポスティングしてもよい。

郵便系

㊻**開業を知らせる挨拶状**：オープニングイベントを行なう場合など、取引先や周辺店舗などにきちんと挨拶状を出すことが大切。また、ホームページなどを経由して、あらかじめ問い合わせのあった顧客などにも出しておくのもよい。

㊼**年賀状・クリスマスカードなど**：商品やサービスによっては、季節感のある挨拶状を販売促進に役立てる方法もある。

販促カード

㊽名刺・会員カード・ポイントカード： もらった人に「どうしてほしいのか」というリアクション効果を考えた名刺やショップカードをつくるといい。

たとえば、割引券がついていたら来店促進になり、QRコードがついていたらWEBサイトへの誘導につながる。

WEB活用

㊾SNSで発信： フェイスブック（Facebook）やツイッター（Twitter）、インスタグラム（Instagram）などでの情報発信。「開業しました！」だけでなく、開業準備中の奮闘ぶりや開業後のイベントなど、活動状況を定期的に発信するとよい。

㊿LINE公式アカウント： アプリをダウ

あなたの「目的」に応じて、表現やデザインを工夫しましょう！

（例）
- **お店に来てほしい**➡住所や地図をつけたり、割引などお得感を付加
- **もっと自分や商品のことを知ってほしい**➡ホームページにジャンプするQRコードや、LINE公式アカウントのQRコードなどWEB連動の仕組み
- **電話で予約注文がほしい**➡電話番号を大きく表示
- **お困り・お悩みのシチュエーションがある**➡「○○のときはぜひ！」といったキャッチコピーをつける。たとえば、以下のとおり。
  介護食対応もしているレストラン➡「要介護の方もぜひ一緒にお越しください」
- **自分を覚えてほしい**➡顔写真や似顔絵を入れたり、趣味なども紹介

ンロードし、お店の名前などで登録するとお店からの情報やメッセージを一斉配信できる（開設は無料。メッセージ通数に応じて課金）。ショップカード（ポイントカード）を作成したり、クーポンを発行する機能などもあり、LINEチャットならユーザーと1対1のトークも可能（登録している他の人にトークを見られない点がグループトークとの違い）。クリック数などデータで確認できるレポート機能もある。

Point

いろいろありすぎて迷うかもしれませんが、ポイントは「自分の来てほしい人に情報が届くやり方」であり、長くコンスタントに「続けられること」です。たとえば、SNSが流行っていても、ターゲットが高齢の方なら効果は薄そうですよね。一方、新聞へのチラシ折り込みはコストがかかり、何度もできるものではありません。そんなふうに、費用対効果をシミュレーションしながら絞り込んでいきましょう。

④経理1

公私の「お金」はきっちり区別しましょう

事業用の通帳を別につくっておく

個人事業主であれ、会社（法人）であれ、起業して必ずしなければならないのが、「お金の管理」です。当然ながら、プライベートのお金と事業用のお金はきっちり分けなくてはなりません。そのためには、**通帳を別々にもつこと**が必要です。

そして、事業用のお金の出し入れは、できるだけ通帳上で管理しましょう。こまめに記帳し、「研修費」「月謝（〇名分）」など必要に応じて鉛筆でメモを残しておけば、お金の流れを把握しやすく、あとで「帳簿」をつくる際にも役立ちます。

相手が顔見知りであっても、できるだけ現金でやりとりせず、口座振込かカード払いで記録を残し、現金払いの場合も、必ず「領収書」をもらうようにしてください。

交通費や配送料、お店の釣り銭など、**日常の小さな支払い用現金（「小口現金」）**を手元に置いておきたい場合は、専用ケース（財布でも空き箱でもかまいません）や金庫などを用意して管理し、**出し入れのつど「現金出納帳」に記帳**します。

１日の終わり、手元の現金と出納帳の残高は、常に一致することになります。

なお、レシートや領収書をため込むと、あとで整理するのがたいへんです。「交通費」「材料費」など費目別のファイルをつくって分けましょう。判断に迷うものは、いったん「その他」とし、人に聞いたり、調べてから分類すれば大丈夫です。

経理用ソフトを使えば、仕訳も簡単！

初めての起業なら、「経理はどうすればいい?」「帳簿はどうやってつくる?」という人は多いでしょう。でも、むずかしく考える必要はありません。いまは、使い勝手のよい経理用ソフトやアプリもあるので、上手に活用すれば、手間を軽減できます。

帳簿には、おおまかに分けると**「入ってきたお金（収益）」と「出て行ったお金（費用）」を記載**します。その際、取引の内容に応じて、「通信費」「修繕費」といった「勘定科目（かんじょうかもく）」に分類することを「仕訳（しわけ）」と言います。

たとえば、ある経理用ソフトでは、文房具を現金で購入した場合、「○月○日↓経費を支払った↓文房具↓現金で支払った↓５００円」と入力すれば、自動的に帳簿上の現金残高から５００円が引かれ、「消耗品費５００円」が追加されます。

あるいは「○月○日↓売上ができた↓現金でもらった↓１００００円」と入力すると、帳簿上の現金残高と売上に１００００円が上乗せされる、という具合です。

勘定科目に分類するのは、「何に使ったお金なのか」「どこから入ってきたお金なのか」ということを、いつ誰が見てもわかるようにすることが目的で、法律で「○○には○○という科目を使う」といった明確な決まりがあるわけではありません。

ただ、仕訳には一貫性が必要なので、一般的な分類にならうほうが合理的です。

筆者も、判断に迷ったときは、そのつどインターネットで調べたり、税務署や商工会議所の記帳相談などを活用し、少しずつ知識を増やしてきました。

会社（法人）など事業の規模や内容によっては、財務諸表（「貸借対照表」「損益計算書」など）をつくる際に仕訳の知識が欠かせませんが、個人事業の範囲なら、細かいことは覚えなくても、「何を表わすのか」がわかっていれば十分です。

なお、「費用」に関しては、ＳＴＥＰ２でお話ししたとおり、「経費になるもの・ならないもの」があります。また、交通費や仕入代のように発生するつど記帳するものと、減価償却費や生命保険料など1年に一度まとめて処理するものがありますので、しっかり押さえておきましょう。

法人の場合は「役員報酬」というかたちで経費にできますが、個人事業主の場合は「売上から経費を差し引いて余ったお金があなたの取り分」のイメージです

個人事業主の場合、自分のお給料は経費にならないんですね！

同じ「喫茶代」でも、経費にならない場合があるので注意しましょう（78ページ）

◆経費になるもの・ならないもの（例）

勘定科目	経費になるもの	自宅兼事務所などの場合、「事業に使った分」が一部経費になるもの	経費にならないもの
租税公課	固定資産税、自動車税、不動産取得税など		所得税、住民税など
荷造り運賃	販売商品の荷造りに要した包装材料費、宅配料金など		
水道光熱費	水道代、ガス代、電気代など		家事用の水道代、ガス代、電気代　など
旅費交通費	電車賃、タクシー代、有料駐車場代、仕事のための宿泊代など		家族旅行など
通信費	事業のために支出した電話代、切手代、プロバイダー代など		
広告宣伝費	チラシ作成代、ホームページ作成費用、粗品代、求人広告費用など		
給料賃金	従業員に対して支払った給料、賞与、手当など		個人事業主の自分への給料
損害保険料	商品や店舗等を対象とする損害保険料、事業用の自動車保険料		事業主自身の生命保険料、損害保険料・自動車保険料のうち、事業で使用していない部分
福利厚生費	従業員が対象の社会保険料、労働保険料、健康診断費用、慶弔見舞金、社員旅行（4泊5日以内）、忘年会・新年会費用（一次会まで）、制服代、残業食事代、研修会参加費		事業主自身の健康診断費用・医療費、残業飲食代・研修会参加費、国民年金・国民健康保険の保険料 事業主＋青色専従者（家族従業員）のみの旅行費用、飲食費
接待交際費	手土産代、打ち合わせの喫茶代、得意先への慶弔費、得意先への中元・歳暮代など		町内会費、親族・友人との飲食代など
減価償却費	建物、車両、機械などの事業用資産（取得価額10万円以上のもの）		

自分自身の生命保険料は経費とはなりませんが、税金の計算では「控除」できます（78ページ）

帳簿の整理

毎日コツコツつけるか…
レシートは名目別に小分けにしておくと、
後から整理しやすい

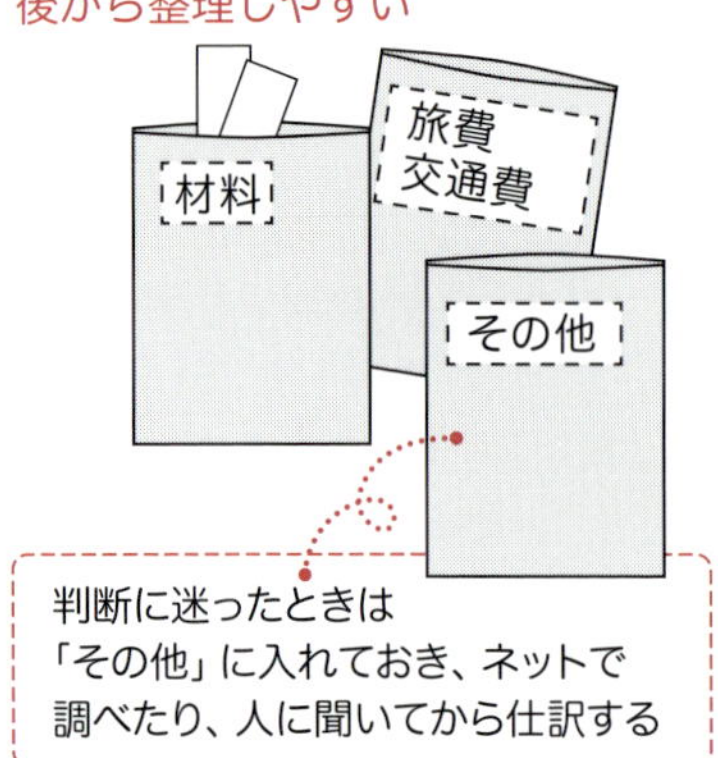

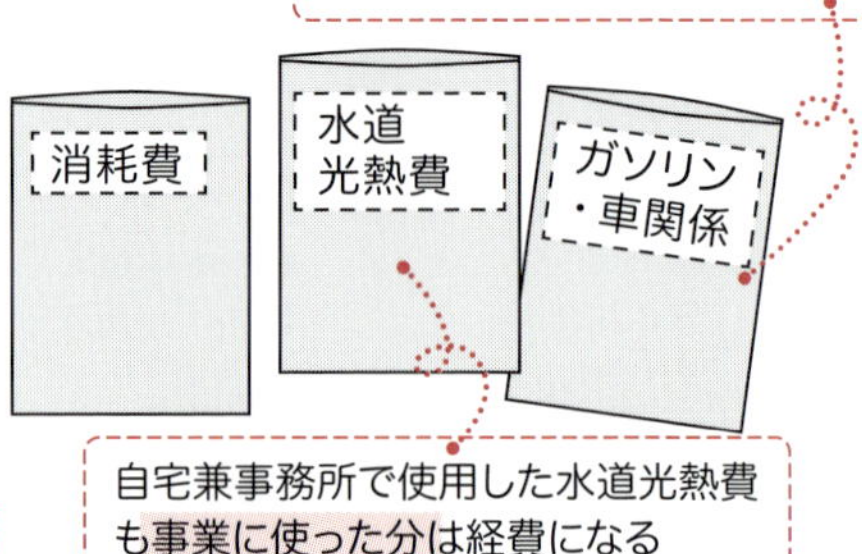

自家用車も、事業に使用した場合、その分は経費にできる

判断に迷ったときは「その他」に入れておき、ネットで調べたり、人に聞いてから仕訳する

自宅兼事務所で使用した水道光熱費も事業に使った分は経費になる

「これは事業用」「これは生活用」…と分けにくいものは「おおよその割合」でOK

何が「経費」になるの？

事業に関係するもの

＊開業前に使った準備資金なども経費にできる
＊税金の中にも、経費になるもの・ならないものがある

例 ◯できるもの　：固定資産税（事業に使っている割合分のみ）
　 ✕できないもの：住民税、所得税など

＊携帯電話やインターネットなどの通信費も、事業に使った分は経費になる
＊同じものでも、目的や状況によって、経費になる場合とならない場合がある

例 R子さん…
お店で使うエプロンとキャップは事業以外では使わない
↓
◯経費になる

M美さん…
営業用にスーツを買ったけど、仕事以外でも着ている
↓
✕経費にならない

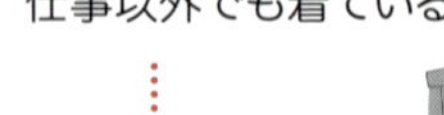

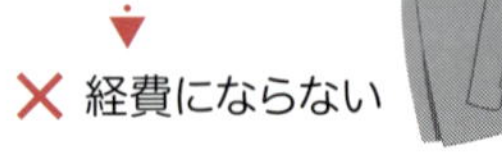

例 打ち合わせのときの飲食代
↓
◯経費になる

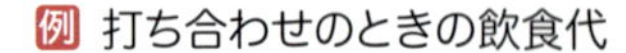

家族で出かけたときの飲食代
↓
✕経費にならない

私の場合、1週間のうち、土日を除いて5日は車を使うから、自動車税の70%は経費になるはず…

うちは、家全体の6分の1くらいのスペースで教室を開いているから、1か月の電気代1万2000円のうち、2000円を経費にできそう…

さくら先生の場合

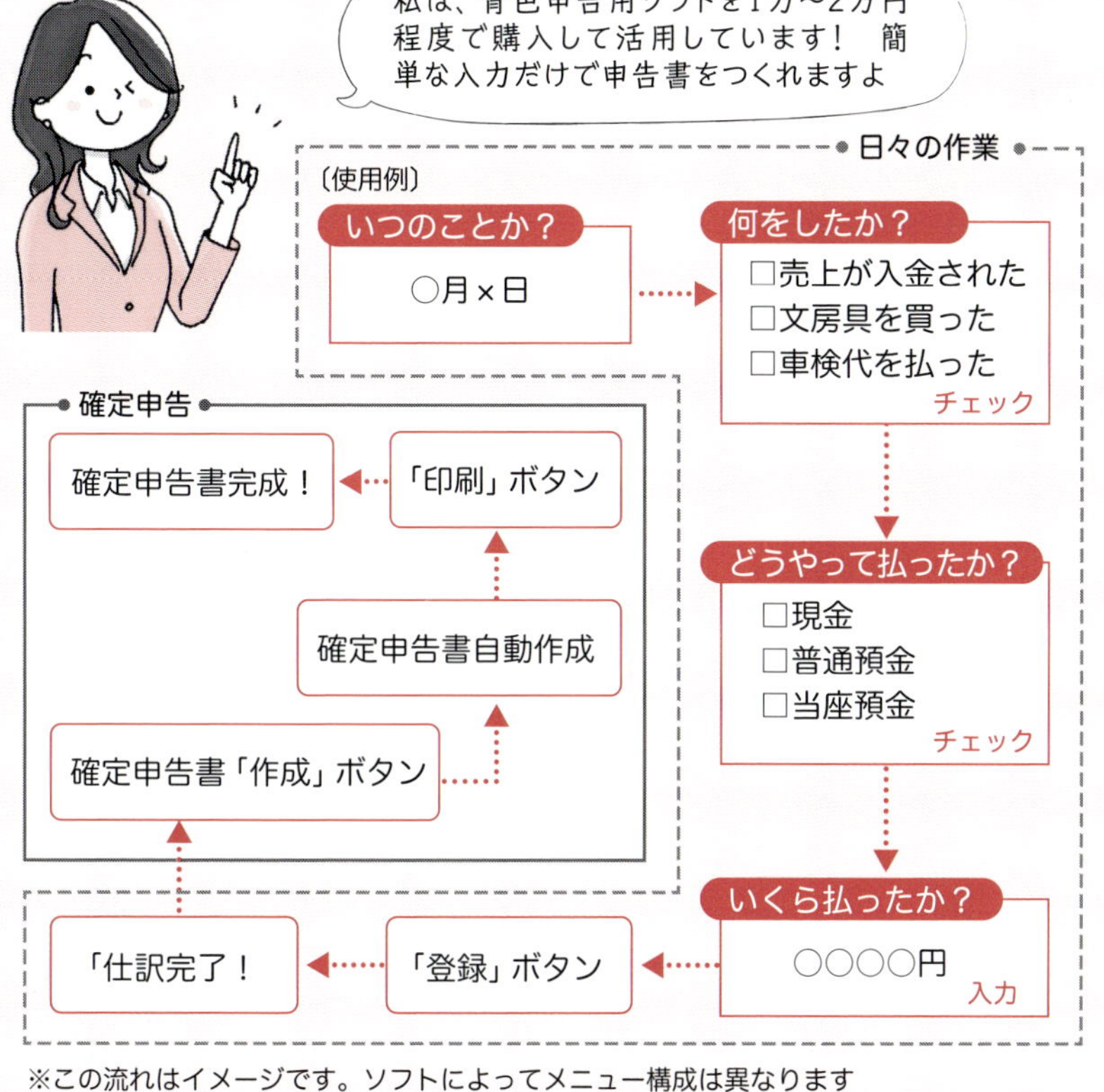

※この流れはイメージです。ソフトによってメニュー構成は異なります

❺経理2

請求しないと「売上」を回収できないことも…

取引でよく使われる書類の確認

事業をするには、「請求書」や「領収書」などの使い方も知っておく必要があります。

とくに、請求書は、**売上を回収するためには非常に重要な書類**です。

商品やサービスを直接販売するのではなく、小売店に卸したり、ネット通販などで後払い決済するような場合、請求書を発行しなければ、売上を受け取ることができません。請求し忘れたり、記入もれがないよう、十分に気をつけたいものです。

取引先によっては、請求書を出す前に「見積書」を求められることもあります。いずれも決まった様式があるわけではないので、市販のもの（複写できるほうが便利です）や販売管理ソフトを活用したり、自分で様式をつくってもかまいません。

請求書には、**①発行日、②宛名、③発行者名、④商品名、単価、数量、⑤金額、⑥支払条件（支払期日、振込先＝銀行名・口座番号等）**などを記載し、見積書の場合は、**⑦納期日、⑧発行書類の有効期限**などを加えるとよいでしょう。

請求書は、取引のつど発行するか、月1回（月末や25日など決めた日＝締日）まとめて取引先ごとに送るのが一般的です。トラブルを防ぐには、受注書や納品書の控えと照合したり、メールなどで事前に請求内容について確認することも大切です。

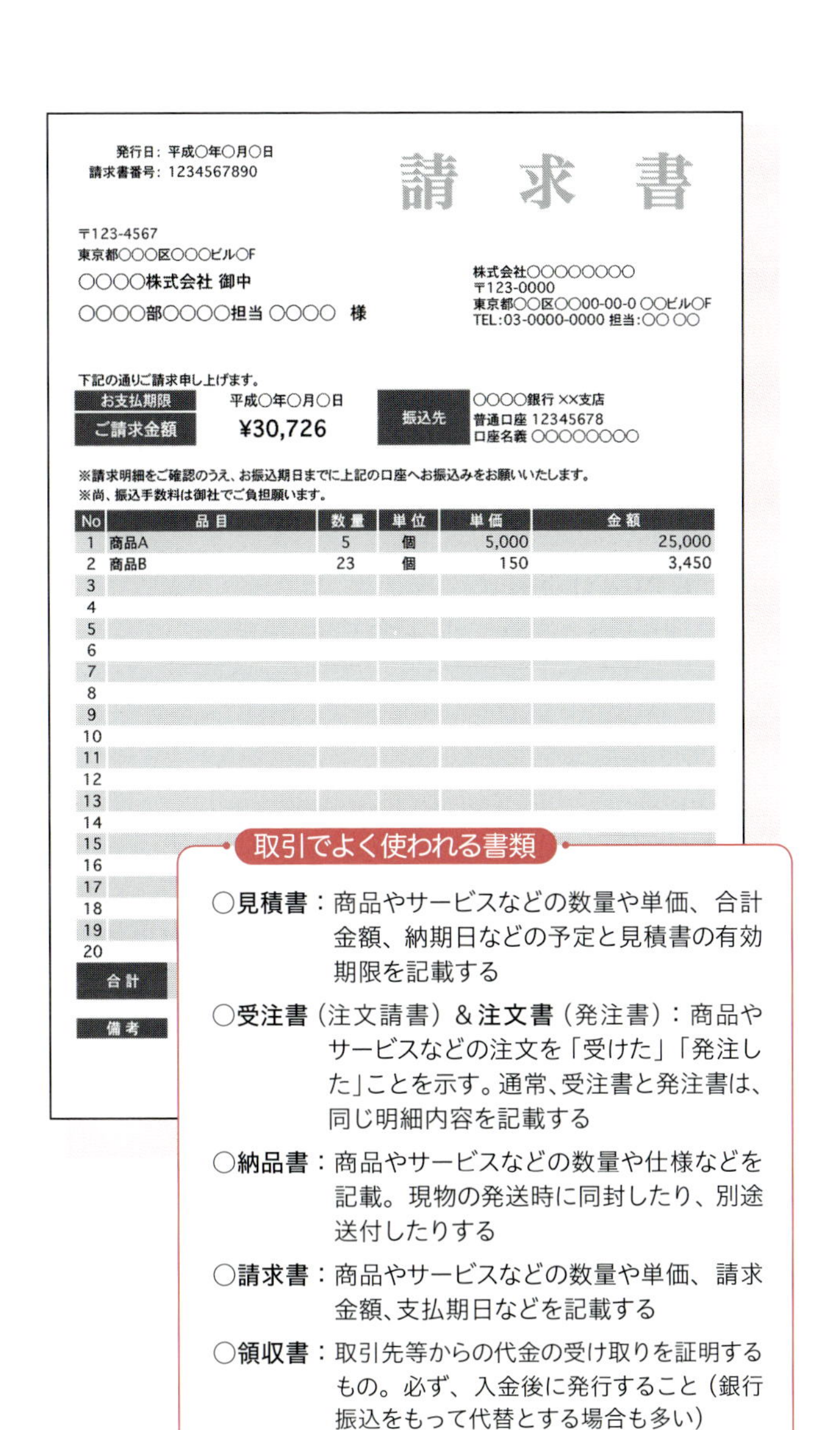

発行日：平成○年○月○日
請求書番号：1234567890

請求書

〒123-4567
東京都○○○区○○○ビル○F
○○○○株式会社 御中
○○○○部○○○○担当 ○○○○ 様

株式会社○○○○○○○○
〒123-0000
東京都○○区○○00-00-0 ○○ビル○F
TEL:03-0000-0000 担当:○○ ○○

下記の通りご請求申し上げます。

お支払期限	平成○年○月○日
ご請求金額	¥30,726
振込先	○○○○銀行 ××支店 普通口座 12345678 口座名義 ○○○○○○○○

※請求明細をご確認のうえ、お振込期日までに上記の口座へお振込みをお願いいたします。
※尚、振込手数料は御社でご負担願います。

No	品目	数量	単位	単価	金額
1	商品A	5	個	5,000	25,000
2	商品B	23	個	150	3,450
3					
4					
5					
6					
7					
8					
9					
10					
11					
12					
13					
14					
15					
16					
17					
18					
19					
20					
合計					

備考

取引でよく使われる書類

○**見積書**：商品やサービスなどの数量や単価、合計金額、納期日などの予定と見積書の有効期限を記載する

○**受注書**（注文請書）＆**注文書**（発注書）：商品やサービスなどの注文を「受けた」「発注した」ことを示す。通常、受注書と発注書は、同じ明細内容を記載する

○**納品書**：商品やサービスなどの数量や仕様などを記載。現物の発送時に同封したり、別途送付したりする

○**請求書**：商品やサービスなどの数量や単価、請求金額、支払期日などを記載する

○**領収書**：取引先等からの代金の受け取りを証明するもの。必ず、入金後に発行すること（銀行振込をもって代替とする場合も多い）

教えて！先生

プチQ&A

（回答：税理士）

さだみ先生

請求書などに使う印鑑は、事業専用でないといけませんか？

そもそも印鑑がないといけないという決まりはありません。認印でも大丈夫です。ただ、事業専用の印鑑があったほうが、相手にきちんとした印象を与えますよ。

売上が 1000 万円ありません。消費税はもらっていいのでしょうか？

現時点では、売上規模に関係なく、もらって大丈夫です。ただし、法改正で、2023年10月からは請求できなくなります。届出をすれば請求できますが、自分も消費税の納税が必要となります。

源泉徴収されたお金は、返ってこないのでしょうか？

あなたが確定申告をして払い過ぎた分があれば返ってきます。

請求金額より少ない金額が振り込まれました。源泉徴収って何ですか？

個人事業主が受け取る報酬の中には源泉徴収されるものがあります。「原稿料」「デザイン料」「講演料」など特定の報酬は、原則、支払いを受ける側が個人であれば、売上高（報酬額）から一定の所得税等を源泉徴収して支払う必要があります。

……「請求～代金回収」に関する疑問に答えます

お客様（会社）からマイナンバーの提出を求められたのですが…？

企業が個人事業主と取引を行ない、源泉徴収をした場合、企業がマイナンバーを預かる必要があります。

お客様がお金を払ってくれません。どうすればいいでしょうか？

Point

単純に忘れているというケースもあるので、支払期日を過ぎたら、一度確認をしましょう。それでもダメなら「内容証明郵便」で支払いを督促する方法もあります。

内容証明郵便とは、「誰が・いつ・誰に・どんな内容」の手紙を出したのか、ということを郵便局（郵便事業株式会社）が公的に証明してくれるものです。

あなた自身で出すことも可能ですが、司法書士や弁護士名で出すと、こちらの「本気度」が伝わりやすくなるという効果があります。内容証明郵便を送っただけでは法的な強制力はありませんが、「言った・言わない」を防ぐことができるのもメリットです。

なお、「認定司法書士」は140万円以下の案件に関しては交渉できますが、それ以上は弁護士（または国の許可を受けた債権回収会社）しか交渉できません。

（回答：弁護士）

ようこ先生

6 確定申告

青色申告と白色申告の違いを知っておきましょう

合計所得が48万円を超えると確定申告が必要

お金の出し入れを帳簿で管理したら、1年に一度「確定申告」を行ないます。

確定申告とは、1年間に得た売上などから必要経費などを差し引いて、納めるべき税金の額を計算して、所轄の税務署へ書面で申告する作業のことです。

ちなみに、**確定申告が必要なのは合計所得が48万円を超える場合**※です。開業届を出していても、48万円以下の場合は申告不要です。

確定申告の作成にあたっては、次のような流れで準備しておきましょう。

①「経費になるもの・ならないもの」を把握する（179ページ）
②帳簿整理（仕訳）の仕方を覚える（経理用ソフトなどを使えば簡単）
③確定申告書の構造を把握する（国税庁ホームページ参照）

ここでは知識として、確定申告には「青色申告」と「白色申告」があることをまず理解してください。違いを知っているかどうかで税金の額も変わってきます。

※200ページの事例も参考にしてください。
2020年分から、所得税の基礎控除は48万円になりました。
合計所得が48万円を超える場合、確定申告が必要です。

◆確定申告には2種類ある

個人事業主の場合	白色申告	青色申告
届け出（承認）	不要	必要
決算書の種類	収支内訳書	青色申告決算書
税制上の優遇措置	少ない 控除なし	あり 複式簿記の場合：55万円控除※ 簡易簿記の場合：10万円控除
家族に払う給料	制限あり ※給料が経費にならない代わりに一定の専従者控除がある	制限なし ※事前に税務署へ届け出た範囲内で妥当な額であれば、払った分だけ経費になる
帳簿づけ	**必要**	必要

税制上の優遇措置とは何ですか？

※77ページで説明した「いろいろな控除」の中に「青色申告特別控除」があります。青色申告を行なう場合、売上から必要経費を引き、さらに「青色申告特別控除」として（基本的に）55万円※が差し引けます。

経費としてさらに55万円※が加算されるイメージですね。節税効果がありそうです！

2014年の法改正により、白色申告であっても簡単な「帳簿への記帳」と「帳簿等の保存（期間5～7年）」が義務づけられました。経理用ソフトなどを利用すると、より簡単に「複式簿記」ができるので、挑戦してみましょう。

さだみ先生

※2020年分から、青色申告控除額は55万円となりました。ただし、確定申告書をe-Taxで提出すれば、65万円の控除が可能です。

確定申告書の作成のしかた

開業届を提出した人には、確定申告期間の前（例年1月頃）に、確定申告書類の一式が郵送されてきます。送られてこなかったり、書類をなくした場合は、国税庁のホームページからダウンロードするか、直接税務署でもらうこともできます。

●**所得税の確定申告期間**：例年2月中旬〜3月中旬（年によって多少前後します）

●**税務署の開庁時間**：月曜日から金曜日までの8時30分〜17時。確定申告期間内に限り、一部の日曜日に開庁して相談・申告書受付を行なう税務署もあります。

確定申告書は、細かい知識がなくても、国税庁の**「確定申告書等作成コーナー」**を活用すれば、自宅のパソコンなどで簡単に作成できます。画面の案内に従って必要な金額等を入力すれば、納税額を自動的に計算してくれますので心配する必要はありません。

ただし、自動計算のためには、きちんと売上金額や必要経費を入力する必要がありますので、帳簿整理は時間のあるときにコツコツやっておきましょう。

また、e-Tax（電子申告）に対応している経理用ソフトを使っていれば、自動作成した確定申告のためのデータをそのまま流用できます。作成した申告書は、e-Tax※で提出するか、印刷して所轄の税務署へ郵送または持参します。

国税庁「申告手続・用紙」ダウンロード
https://www.nta.go.jp/taxes/tetsuzuki/
「確定申告書等作成コーナー」
https://www.keisan.nta.go.jp/kyoutu/ky/sm/top#bsctrl

※e-Taxで電子送信するには、マイナンバーカードの発行が必要です。
ICカードリーダライタ代約3000円も必要となります。

教えて！先生 プチQ&A

（回答：税理士）

さだみ先生

「確定申告」に関する疑問に答えます

開業届を出して確定申告しないと怒られますか？

所得金額によります。個人事業が専業の場合、所得が48万円以下の場合は確定申告の必要がありません。

所得が48万円以下で確定申告を行なわない場合は、届出が必要ですか？

必要な届出はありません。

確定申告は必ず税理士にお願いしないといけませんか？

自分で申告しても大丈夫です。ただし税理士の資格をもっていない人に報酬を払って確定申告をしてもらうのは法律違反です。無資格で報酬を受け取った人は罰せられます。

確定申告のときに帳簿やレシートも提出するのでしょうか？

不要です。ただし税務調査が入ったときなどに備えて保管しておきましょう。
※所得に応じて5～7年間の保管が必要

もし、確定申告で間違いをしてしまったら？

税務署が気づいた場合は連絡がありますので、指導にのっとり修正をしましょう。自分で後から気づいた場合も、所定の手続きで修正が可能です。

青色申告と白色申告って一度選択したら変えられないの？

変えられます。ただし、青色申告はその年の3月中旬までの届出が必要です。

税務調査は必ずあるのでしょうか？

ごく一部の会社が対象で、個人事業主は少ないようです。ただし、飲食店など現金商売の事業主へは、税務署は予告なしで調査に入ることもあります。

❼雇用

「人を雇う」ときは手続きが必要です

取り交わすべき書類など最低限のルールがある

事業が軌道にのったら、「人を雇う」ことも必要になってくるかもしれません。

雇用とは、雇用主が「**この仕事、この時間に、この場所で、このように進めて、ここまでやってください**」と指揮命令して、その労働の対価に報酬を支払う契約です。

ただし、継続的な雇用かスポット採用なのかによって手続きは違ってきますので、ここでは、必要な書類と届出を確認しておきましょう。

● **継続雇用**…期間を定めない雇用（正社員・無期のパート・アルバイト）
● **スポット採用**…期間を定める雇用（契約社員・有期のパート・アルバイト）

●継続的な雇用・スポット採用のいずれも該当するもの

❶必要な書類

※これらは「法定帳簿」といいます。厚生労働省のホームページからダウンロードできます。

・労働者名簿
【記載項目】①労働者氏名、②生年月日、③性別、④住所、⑤履歴（異動や昇進など社内での履歴）、⑥従事する業務の種類、⑦雇入年月日、⑧退職や死亡年月日、その理由や原因

・出勤簿等
【記載項目】①労働日数、②労働時間数、③休日労働時間数、④時間外労働時間数、⑤深夜労働時間数

・賃金台帳
【記載項目】①労働者氏名、②性別、③賃金の計算期間、④労働日数、⑤労働時間数、⑥時間外労働時間数、⑦深夜労働時間数、⑧休日労働時間数、⑨基本給や手当等の種類と金額、⑩控除項目と金額

❷役所などへの届出

・給与支払事務所等の開設届→税務署

・労災保険の加入手続き：短時間スポット雇用でも労災加入は必要→労働基準監督署

❸従業員に渡す書類（会社でも同内容を保管）

・雇用契約書（労働条件通知書）
【記載項目】①労働契約の期間、②就業の場所および従事する業務、③労働時間や休日・休暇に関する事項（始業・終業の時刻、残業の有無、休憩時間、休日・休暇等）、④賃金に関する事項（賃金の決定、計算、支払方法、締切と支払の時期、昇給）、⑤退職に関する事項（解雇の事由を含む）、⑥その他必要事項

厚生労働省「主要様式ダウンロードコーナー」
https://www.mhlw.go.jp/bunya/roudoukijun/roudoujouken01/

●継続的な雇用の場合

❶あったほうが望ましい書類

・入社時誓約書

・身元保証書

❷役所などへの届出

・社会保険加入手続き（勤務時間・勤務日数が正社員の４分の３以上＝おおむね勤務時間が週30時間以上の場合）→年金事務所

・雇用保険加入手続き（勤務時間が週20時間以上かつ雇用期間が31日以上の場合）→ハローワーク

このほか、雇用ではありませんが、「人に任せる」方法としては「**業務委託**」という契約もあります。

業務委託とは、自分で処理できない業務や委託したほうが効率や効果が期待できる業務を、外部に任せる際の契約です。依頼した仕事に対して報酬を支払うのであって、その仕事の仕方に対して指揮命令はしません。委託契約者は雇用には該当しないので、労働者名簿や出勤簿などは不要です。しかし、トラブル防止のために、「**業務委託契約書※**」をきちんと交わしましょう。

※業務委託契約書

どんな内容の仕事をいくらでどのようなかたちで行ない、いつまでに完了させるかなどを記した契約書。

◆「人を雇う」場合に必要な書類

●1人でも雇う場合

会社に置いておく書類	法定帳簿	労働者名簿
		出勤簿（タイムカード）
		賃金台帳
		雇用契約書（労働条件通知書）
従業員に渡す書類		雇用契約書（労働条件通知書）
役所に提出する書類	税務署へ	給与支払事務所等の開設届
	労働基準監督署へ	保険関係成立届 概算保険料申告書

労働災害に備える
保険の加入手続き

●雇用保険に加入させる場合
週20時間以上かつ雇用期間が31日以上の場合

役所に提出する書類	公共職業安定所（ハローワーク）へ	雇用保険適用事業所設置届
		雇用保険被保険者資格取得届

失業したときに備える
保険の加入手続き

●社会保険に加入させる場合
勤務時間・勤務日数が正社員の4分の3以上の場合

年金・健康保険の
加入手続き

役所に提出する書類	年金事務所へ	健康保険・ 厚生年金保険新規適用届
		被保険者資格取得届
		被扶養者（異動）届 （国民年金第3号被保険者関係届） ※被保険者に扶養家族がいる場合

教えて！先生 プチQ&A

（回答：社労士）

みさお先生

労災保険を払わないとどうなるの？

労災事故が生じた場合、さかのぼって保険料を支払うほか、違約金の支払いを命じられます。

労災保険っていくらぐらいかかるの？

「あなたの業種」と「雇う人に払う賃金」で変わります。

労災保険料＝賃金総額 × 労災保険料率

※保険料はすべて事業者負担

小売業の場合、2020年度の１年間に労働者に支払った賃金が280万円（従業員１名、毎月20万円×12か月＋賞与40万円）だとすると、2018～2021年度の労災保険料率は0.3％なので、労災保険料 ＝ 280万円 × 0.3％ ＝ 8,400円／年となります。

労災保険って、そう高くないんですね。

事業主である私は、労災保険に入れるの？

「特別加入」という方法がありますが従業員を加入させる場合よりも高額になります。

労働時間で気をつけることはありますか？

１日８時間、週40時間を超えて働いてもらう場合は、「36（サブロク）協定※」の締結と労働基準監督署へ届出が必要です。

※労働基準法36条にもとづく労使協定で、正式には「時間外・休日労働に関する協定届」といいます。

「雇用」に関する疑問に答えます

時給はどうやって決めたらいいの？

都道府県ごとに“最低賃金”が決まっています。厚生労働省や各自治体のホームページで確認のうえ、下限は必ず守りましょう。上限は特にありません。

どうやって人を募集したらいいの？

ハローワークに行って求人票を出しましょう。費用は一切かかりません。また、最近はＳＮＳを活用した求人も効果的です。

パートさんの雇用条件は口約束でいいですよね？

パートさんを雇用する場合でも、書面での雇用契約が必要です。トラブル防止にも役立ちます。

就業規則って必要ですか？

従業員がパートを含めて10人以上になると、就業規則を作成し、労働基準監督署に届出が必要です。10人未満であっても、職場ルールの明確化のために、簡単でわかりやすいルールブックをつくっておくといいですね。

8 PDCA

毎日の仕事に振りまわされないためのヒント

考えたことを実行し、検証して改善する仕組み

「毎日やるべきことがありすぎて、何から手をつけたらいいのか…」

起業相談にのっていると、そんな嘆きともいえる悩みを聞くことが多々あります。

事業を行なうということは、お客様に商品やサービスを提供するだけでなく、営業活動をしたり、帳簿をつけたり、いろいろな仕事がありますよね。そこに、家事や子育て、介護などが加われば、それはもう目がまわるほどの忙しさでしょう。

そんなときに、ぜひ試してほしいのが「PDCA（サイクル）」という考え方です。

PDCAとは、「計画」「実行」「評価」「改善」という4つの行動（取り組み）を表わす英単語の頭文字をとったもので、P→D→C→A→P…と循環的に繰り返すことで、仕事の生産性を高めたり、事業活動をスムーズに行なうのに役立つ手法です。

①プラン（Plan）：目標を設定し、計画を立てる（箇条書きで十分）

②ドゥ（Do）：計画に沿って、1つずつ実行してみる（期限などを設ける）

③チェック（Check）　：実行したことでどんな効果があったか検証する
④アクション（Action）：思うような効果がなければ、改善策を検討する

計画といっても、むずかしく考える必要はありません。「やるべきこと」を箇条書きにするレベルで十分です。そして、一つひとつ実行し、うまくいったか自分なりに考えてみてください。効果がなかったり、もっとよいやり方を思いつけば、ふたたび計画して、実行します。改善を急ぎすぎたり、高すぎる目標設定は、計画倒れになるだけです。

「信じていれば、夢は必ずかなう」などとよく言われますが、思うだけでなく、実際に「行動して」「修正して」「継続する」から、夢はかなうのです。

もし、「やるべきこと」の中に「気が進まない」「苦痛に感じる」ことがあるときは、「思いきって他のやり方を考える」か、「お金を出して外注する」ことなども検討してみてください。筆者自身、そうやって何度も切り抜けてきました。その結果、時間を節約できて余裕が生まれたり、自分がやるより、よい結果をもたらすこともあります。

周囲への気配りも忘れずに

ときには、家族が喜ぶようなことをＰＤＣＡに盛り込んでもいいでしょう。人は忙しくなると、つい「自分だけがたいへん…」と思い込みがちですが、たいへんな人を支える周囲の人だってたいへんなんです。周囲への気配りも忘れないようにしましょう。

PDCAサイクルを実践してみましょう

PDCAサイクル

生産管理や品質管理など事業活動を円滑に進めるための手法の1つ。PDCAの4段階を繰り返すことによって、業務を継続的に改善していける

Plan（プラン）計画

＊目標達成のためにやらなければいけないことを思いつくまま書き出して、優先順に並べてみる

＊優先度の高いものに関して「いつまでに行なうのか」具体的なスケジュールを立ててみる

お弁当の惣菜を自宅でもつくれるよう、親子で通える料理教室も週1くらいで開こう

授乳中のお母さんや2人目、3人目妊活中のお母さんも安心して食べられるお弁当をつくって配達するぞ！

どんなメニューにしようかな？

思っていれば夢はかなうとか聞くけど、実際にやらなくちゃね

Do（ドゥ）実行

＊計画をもとに1つずつ実行していく

＊できたこと、できなかったこと、原因や課題などをそのつどメモしておくと、改善する際に役立つ

食品衛生管理も取ったし、保健所の許可も下りた

開業届も出して必要な手続きは完了！

ホームページや名刺もできた！

落ち込むだけで行動しなければ、何も変わりません。前に進みましょう

Action（アクション）
改善

＊このまま計画を続けるのか、課題があれば、見直して改善するのか、やめるのか、次の行動をふまえて考えてみる

Check（チェック）
評価

＊計画に沿った実行ができていたか、ここまでの取り組みを客観的に検証してみる

料理教室当日

A子さんとB子さん、お子さんを預けるはずだったお義母さんに急用ができたらしくて…

いらっしゃいませ
あれっ、2人…？

え～そんなの非常識よ！

食材ロスが出ちゃった…


うまくいかなかった原因を他人のせいにして、自分を省みないと、次はありません。怒りたくなる気持ちを抑えて、改善すべきことを考えてみましょう

M美さんとR子さんの起業ストーリー❺
事業収入でわかること

事業プランを立てることから始まり、必要な届出をするなどの準備期間を経て開業したM美さんとR子さん。あっという間に1年が経ちました。2人の事業収支はどうなったでしょうか…。

M美さん

売上高					
	通常コース（万円／月）		エクスプレスコース（万円／月）		入会金
	生徒数（人）	月謝（円）	生徒数（人）	月謝（円）	（円）
2月	2	20,000	0	0	20,000
3月	3	30,000	0	0	10,000
4月	5	50,000	0	0	20,000
5月	5	50,000	0	0	0
6月	5	50,000	1	100,000	10,000
7月	6	60,000	1	100,000	10,000
8月	9	90,000	1	100,000	30,000
9月	12	120,000	0	0	0
10月	14	140,000	0	0	0
11月	14	140,000	0	0	0
12月	14	140,000	0	0	0
小計		890,000		300,000	100,000
売上高合計					1,290,000

経費	
経費合計	1,100,000
経費のうち減価償却費	271,190

利益	
売上高合計－経費合計	190,000
売上高合計－経費合計＋減価償却費	461,190

最初は、友人の子どもと少人数でスタート

知人が子どもと海外に赴任が決まった！

秋の入会キャンペーンで集客（入会金は無料に）

売上はあっても利益を残すのは、むずかしいんですね…

経費の中の「減価償却費」は、実際に支払ったお金ではないので、それを足すと、もう少し手元にお金が残っているはずです

48万円以下なので確定申告は不要です

※確定申告をするかどうかは、所得税、住民税にかかわってくるので、不要だったとしても、したほうがいい場合もあります。たとえば、事業以外にアルバイトをしており源泉徴収されていれば、この源泉徴収分が申告することにより還付されます。

お店さえあれば、売上は自然に上がると思っていましたが、天候や季節行事、いろいろなことで上下するんですね。これからも工夫を重ねていこうと思います

初年度は店舗改修などに経費がかかったので、次年度はもう少し経費が下がるかもしれませんね。ただし、適正なコスト意識を常にもちましょう！

さだみ先生

R子さん

売上高				
	宅配弁当（平均単価850円）		料理教室（3,000円／回）	
	利用者数（人）	売上高（円）	生徒（人）	月謝（円）
3月	240	204,000	25	75,000
4月	190	161,500	25	75,000
5月	160	136,000	26	78,000
6月	170	144,500	28	84,000
7月	90	76,500	20	60,000
8月	50	42,500	15	45,000
9月	80	68,000	26	78,000
10月	160	136,000	30	90,000
11月	180	153,000	35	105,000
12月	270	270,000	40	160,000
小計		1,392,000		850,000
売上高合計				2,242,000

経費	
経費合計	1,746,800
経費のうち減価償却費	400,000

利益	
売上高合計 - 経費合計	495,200
売上高合計 - 経費合計 ＋ 減価償却費	895,200

飲食店の場合、最初はもの珍しさから利用してくれる人もいます

夏休みで利用者が減少…

配達を手伝ってくれていたお母さんが体調不良に

お母さんの体調もよくなったので、宣伝活動を強化

宅配・料理教室ともにクリスマス特別メニューが好評で客数・客単価ともアップ！

48万円を超えるので確定申告が必要です

⑨事業継続

2年目を迎えるにあたって大切な「4つの視点」

なんとかお客様もついてきて、売上も順調なM美さんとR子さん。2年目も事業を継続することになりました。もう経営のことはわかったから、あとはルーチンワーク？　いえいえ、事業は絶え間ない工夫のうえに継続し、そして発展していきます。STEP4の最後に、これから起業する人たちへのエールとして、先輩起業家たちがそれぞれの経験から学んだ「**事業を継続するための大切な視点**」を紹介しましょう。

協力者視点

「働きやすい」環境づくりと気配り

生徒さんや保護者の方々から信頼していただけるよう、ご要望などをマメに伺うよう心がけています。スクールの雰囲気に生徒さんたちはとても敏感です。スタッフは全員女性ですが、悪口は一切禁止。言いたいことはきちんと本人に伝え、互いに協力し合って、気持ちよく仕事ができるよう、気を配っています。それがスクールの雰囲気にも、よい影響をもたらしていると思います。

「きっこイングリッシュスクール」
深見英子さん

1年目を振り返り、2年目に向けて新たな目標を立てましょう。

顧客視点

「飽きさせない」工夫を継続的に

「この商品やサービス、うちのお客様によさそう！」と思ったものを積極的に扱うようにしています。私を含めて、女性は、新しいものに「ウキウキ」「ワクワク」しますよね。お客様に「ウキウキ」「ワクワク」を提供することを、これからも第一に考えていきたいですね。

エステサロン「ルシル」西尾諭美さん

家族視点

「見えない協力」に感謝の気持ち

お客様から頼りにされるのが一番の喜びで、１対１で対面できる「ひとり経営」を選びました。営業時間はあってないようなものでしたが、忙しさが苦にならず、次第にお客様を優先する生活へ。一番の理解者である主人が常々、「自分のキャパを超えてはいけない。好い加減で仕事はするもの」と私にブレーキをかけてくれました。こうした家族の支えがなければ、自分と向き合うこともなく、いまの成功はなかったと思います。

理美容サロン「プランナーK」迫田恵子さん

自分視点

「創業時の気持ち」を忘れずに

看護師時代、うつ病になった後輩の状況に気づいてあげられず、後悔した経験から「命を守る人の命を守る」ことをテーマにしています。この創業時の思いが、いまも私の原動力です。たとえれば、事業は山登り。自分で登ると決めたからこそ、頂上からの景色を想像してワクワクしながら登り続けられますが、ときには険しい道もあり、迷ったり、あきらめたくなることも…。そんなとき、ふもとから最初に山を眺めたときを思い出すと、自分の登り方は正しいのか？　と冷静になることができ、知恵ややる気も出てきます。これからも初心を大事にしたいですね。

一般社団法人「日本疲労メンテナンス協会」時任春江さん

✦エピローグ✦

あなたの心が正しいと信じる道へ

いかがでしたか。起業について知れば知るほど、不安になった人もいるでしょう。

ただ、経営するということは、どんなに規模が小さくても意思決定の連続です。

誰に何を提供するのか。お金をどうやって捻出し、どう使うのか。利益が出たら？　トラブルが起きたら？……それらを決めるのは、ほかでもない、あなた自身です。

たいへんな反面、起業することには「自分で自由にできる」楽しさがあります。

いま、輝いている女性起業家たちはみな、覚悟をもって自由を謳歌しています。

わたし自身、起業した当初は、わからないことだらけでした。叱られて反省したり、顔から火が出るほど恥ずかしい思いをして自己嫌悪に陥ったことも一度や二度ではありません。それでも、起業したからこそ経験できたことがたくさんあり、ご縁のあった方々には、感謝の気持ちでいっぱいです。あのとき、決断して本当によかった。

もちろん、考え方は人それぞれ、向き・不向きもあるので、誰もが起業すればよいとは思いませんが、もしも、あなたが迷っているなら、この言葉を贈りましょう。

Do what you feel in your heart to be right-for you'll be criticized anyway.

Eleanor Roosevelt※

※アメリカ合衆国第32代大統領夫人。人権活動家、婦人活動家、文筆家

あなたの心が正しいと思うことをしなさい。いずれにしても批判されるのだから。
エレノア・ルーズベルト

起業してうまくいかなければ、後悔するかもしれません。うまくいっても、人からやっかまれるかもしれません。起業しなかったら、自分で自分を責め続けるかもしれないけれど、別の幸せを見つけられるかもしれません。批判をするのは他人かもしれない。自分自身かもしれない。何が正しいのか、絶対的な正解はないのです。

ただ、自分の心が「正しい」と信じられる道を選ぶほうが、どんな結果になっても前向きに受け止められるのではないでしょうか。本書が、あなた自身の心が正しい道へ進む手助けになるのであれば、筆者としてこれほど嬉しいことはありません。

最後に、本書執筆に際し、ご協力くださった起業家の方々に心からの感謝を贈ります。
そして、貴久美さん、sunnyちゃん、ひかりちゃん、まるをちゃん。私に書くことをすすめてくれたベルデ。bambi*組の仲間たち。私は、自分の場所で懸命に生きています。
みなさん一人ひとりの人生が、幸せに満ちたものになりますように…。

豊増さくら

２０１８年秋

あなたの事業や経営を支援してくれる専門家たち

＊専門家の検索や相談窓口（連絡先）などは、各団体のホームページを参照ください。

○弁護士（法律の専門家）

契約書等の文書全般の作成や債務整理、訴訟手続き・交渉、法律相談などに対応。ただし、民事・刑事など扱う分野を特化している場合もあるため、相談時は事前に確認したほうがよい。

◆日本弁護士連合会　https://www.nichibenren.or.jp/

○税理士（税の専門家）

税務代理、税務書類（確定申告書など）の作成・税務代行、税務の立場から経営相談にも対応。税理士業務に付随して、会計業務（財務書類の作成、会計帳簿の記帳代行ほか）も行なう。

◆日本税理士会連合会　https://www.nichizeiren.or.jp/

○行政書士（行政手続きの専門家）

官公署に提出する許認可等の申請書類の作成や提出手続き代理、会社設立手続き、外国人のビザや相続関係の書類作成、権利義務・事実証明に関する書類の作成など幅広い業務を行なう。

◆日本行政書士会連合会　https://www.gyosei.or.jp/

○司法書士（登記・供託業務の専門家）

法律の専門知識にもとづき、不動産登記手続き（土地や建物の購入、相続等の名義変更など）、商業登記手続き（法人設立登記や役員の変更登記など）、裁判所関連業務などを行なう。

◆日本司法書士会連合会　https://www.shiho-shoshi.or.jp/

○社会保険労務士（人材に関する専門家）

労働関連法や社会保障法にもとづく書類等の作成代行ほか、企業における採用から退職までの労務管理や社会保険に関する相談・指導、年金相談などに対応。業務の内容は広範囲にわたる。

◆全国社会保険労務士会連合会　https://www.shakaihokenroumushi.jp/

○弁理士（知的財産に関する専門家）

特許・実用新案・意匠・商標について、特許庁に対する申請・出願などの手続き代理、権利化に関する助言・相談等に対応。個人事業主や中小企業に対し、トラブル予防策の提案も行なう。

◆日本弁理士会　https://www.jpaa.or.jp/

○中小企業診断士（経営に関する専門家）

中小企業の成長戦略策定や各種制度活用の助言ほか、起業、資金調達、集客、ITなどの幅広い経営課題に対応。企業と行政・金融機関等をつなぎ、専門的知識を活用して経営支援を行なう。

◆中小企業診断協会　https://www.j-smeca.jp/

がんばってね

豊増さくら（とよます さくら）

「ブライトウーマン・コンサルタント」理事。中小企業診断士。トヨマス・マネジメントオフィス代表。大学卒業後、大手ハンバーガーチェーンの販売促進、自社ECサイト構築などに携わり、出産を機に退職。育児を行ないながら中小企業診断士の資格を取得し、2008年に開業。自身が起業して本当によかったと思っていることから、女性の起業・経営支援にとくに力を入れている。これまでに延べ3000人以上の経営相談を手がけてきた。

【ブライトウーマン・コンサルタント】
東海地方を拠点とする、弁護士、税理士、司法書士、行政書士、中小企業診断士、弁理士、社会保険労務士などで構成された専門家集団。女性の起業家・経営者のために、知識と経験にもとづく実践的な経営支援を行なっている。
ホームページ　https://brightwoman.jp/

法律・お金・経営のプロが教える
女性のための「起業の教科書」

2018年11月10日　初版発行
2021年4月20日　第5刷発行

編著者　豊増さくら

発行者　杉本淳一

発行所　株式会社日本実業出版社　東京都新宿区市谷本村町3－29 〒162-0845
大阪市北区西天満6－8－1 〒530-0047
編集部　☎03-3268-5651
営業部　☎03-3268-5161　振替　00170-1-25349
https://www.njg.co.jp/

印刷／厚徳社　製本／共栄社

この本の内容についてのお問合せは、書面かFAX（03－3268－0832）にてお願い致します。
落丁・乱丁本は、送料小社負担にて、お取り替え致します。

ISBN 978-4-534-05631-3 Printed in JAPAN